T0706676

Alejandra Irene Ocaña

A través de Julia

A través de Julia

A mi madre, con amor.

*La abuela Julia
me contaba la historia de su familia
durante largas tardes de pan con dulce de uvas.
Cuando ella se fue,
me nutría de la memoria de mi tía Victoria.
La identidad común es el cimiento de este castillo.
Las vivencias propias y ancestrales de ellas
son las piedras de los muros.
Yo solo elaboré el cemento para rellenar los vacíos
y poder comprender el gran viaje.*

LA BANDERITA ROJA

Fines de 1915, Argentina, Mendoza, el valle fértil de Corralitos. Julia está ahí, inmersa en un instante sin tiempo, todo hecho de sensaciones... auditivas... táctiles... olfativas... en el universo mágico de la siesta. Silencio, insectos que caminan, curso de agua no muy lejano, calor, brisa que no alcanza... sol, suelo seco, zumbido de abejorros negros... Han abierto la compuerta del riego; un hilo de agua acaricia la base de las plantas de vid, y así la tierra se tiñe de color chocolate. Se ve una casita entre las viñas, humilde pero bien hecha, con muros de tapia encalados, techos de paja, limpia. Cerca, hay una cabra de pelos largos, atada, comiendo hierbas, y una perrita pequeña durmiendo junto a la puerta. A lo lejos, álamos agitados por una brisa que es más generosa en las alturas.

La niña, de cabellos castaños, sentada sobre un banquito, dibuja algo con una rama seca sobre la tierra. Tendrá unos cuatro años y medio. Sabe que no se puede distraer demasiado, entonces, mira fijamente un palo altísimo que se encuentra a unos trescientos metros. Mientras, canta una cancioncilla infantil portuguesa y marca el ritmo con manecitas y piernas. Se distrae siguiendo una fila de hormigas; de repente, recuerda aquel mástil, gira su cabeza hacia él y descubre una bandera roja en carrera hacia la parte más alta. Salta como un resorte y comienza a correr hacia la casa, el corazón en sus pies, más veloz... ¡más veloz!

El rojo quedó grabado a fuego en la mente de Julia, porque significaba la primera responsabilidad que le había sido asignada.

Dentro de la casa, en una mecedora, Francisca, su madre, está haciendo dormir a la niña de dos años, porque la de tres ya duerme en su cunita, mejillas rosadas, chupándose el dedo. Campesina inmigrante, de largos cabellos castaños tomados en la nuca con un lazo; se abanica para ahuyentar el calor fuerte que ya presagia un verano sofocante. Sobre la cuna hay un crucifijo de madera, y sobre él descansan las ramas de olivo bendito del último Domingo de Ramos. La corredora empuja la puerta, atraviesa velozmente la cocina, entra en la habitación donde su padre descansa y lo despierta agitadamente.

—¡Papá, papá, la banderita roja!... ¡está subiendo!

Todos los días debía permanecer atenta durante la siesta, para advertir a su papá cuando la bandera, que ella, a la distancia, veía pequeña, hubiese indicado la hora de volver al trabajo.

Se rompe el encanto de la siesta, se produce una reacción inmediata con acciones casi mudas. El dedo escapa de la boca de Clara, dormida, y se enrosca en los bucles de su pelo. Julia sigue la escena con los ojos, consciente de los detalles cotidianos, aunque inconscientemente maravillada por el rito, adivinando cada movimiento un segundo antes de que suceda. Juan se prepara, la pequeña Emilia da un quejido cuando su mamá, Francisca, se levanta de la mecedora para acostarla en la otra punta de la cunita. Solo allí se nota en la madre su estado de dulce espera.

—Mujer, ¿te sientes bien?

—Sí... tranquilo, hoy no será el día...

Francisca deja a la beba dormida en la cuna, abre un repasador limpio, envuelve bizcocho y una manzana, pone la merienda en una bolsa azul de tela, revisa la camisa de Juan D'Almeida, sonríe dulcemente, toca sus bigotes en punta y lo besa. Julia ya no está, ha vuelto afuera, está saltando con una cuerda; el padre sale a su trabajo en la viña, mientras responde a las preguntas de la nena, que lo rodea con pequeños saltitos durante unos treinta metros de su camino. Luego él la besa en la frente y la manda de vuelta a la casa.

—¡Julia…! —llama la madre— ¡deja ir a tu padre que te necesito aquí…!

Julia había entrado sin ser notada y se abraza a las faldas de su madre.

—Estoy aquí.

Julia tenía el don de la observación, la prudencia y, a menudo, del silencio. Tenía la capacidad de atravesar el aire con delicadeza.

—Ay, mi niña —la besa—, ahora vamos a hacer los buñuelos fritos como los hacía tu abuela Catarina en Portugal.

—¿Cuándo vamos a ir a Portugal?

—No… nosotros venimos de Portugal y estamos yendo al Brasil.

—¿Cuándo vamos a llegar?

—Algún día hija… ¿te he contado que allá nos espera el hermano de tu padre…?

—Sí…

—Alcánzame esa olla y la cuchara grande…

—Pero ¿dónde está Portugal? —Lo que Julia quiere es sentir las historias de su mamá…

—Lejos… muy lejos…

—¿Y cómo va la gente allí?

—Hay que pasar por encima de toda el agua y toda la tierra del mundo y...

Como cada día, comienza a ilustrar a la niña con retazos de aquel pasado lejano, que a veces, agazapado como felino al acecho, la sorprende mientras cocina. Al mismo tiempo que bate huevos en una olla de fondo curvo, hilvana los recuerdos como estampas de un álbum vivo. Se abanica el calor, este año siente por quinta vez en su vida el peso de la gravidez, llega hasta una ventanita y observa el cielo...

—Parece que nunca va a llover...

Francisca Maria está tan compenetrada en sus añoranzas de Portugal que sus pensamientos, vivos y sueltos, se dibujan y se pintan solos en el aire, para que Julia siga viendo detalladamente todo lo que ha escuchado de su boca. El alma de Julia cabalga sobre uno de ellos, que la lleva hasta el otro lado de la ventana, para ver el rostro oval de su madre contemplando otros tiempos. Sobre el semblante de Francisca, detrás de su aliento en el vidrio, Julia logra ver la cara de la niña que su madre era a los ocho años, en camisón, limpiando el vapor de una ventana para mirar hacia afuera, desde su dormitorio.

EL VALLE DE LA ESTRELLA

Portugal, primavera de 1892, una mañana brillante, el lugar son los bosques montañosos más arriba del Valle de la Estrella, en las cercanías del nacimiento del río Mondego. La niña limpia el vapor del vidrio con la manga de su camisón, se estira para poder ver mejor. Hay una gota de agua formándose en cámara lenta a partir del deshielo del tejado, la pradera inclinada está más verde que nunca, aves migratorias de todos colores cruzan el cielo diáfano, desde el arroyo hasta el bosque de pinos. Justo cuando la gota de agua se desprende del hielo, suena la voz de Catarina desde la cocina.

—¡Francisca...! ¡Ya que estás ahí despierta a tus hermanas!

La chiquilla salta hacia su cama, toma una pluma que se asoma a través de la tela de la almohada, llega en puntas de pie a la cama donde duerme su hermana mayor, Amelia, y le hace cosquillas en la nariz.

—No, Francisca, déjame dormir un poco más... es domingo... ¡mamá! ¡me está molestando con una pluma...!

—Ya está hervida la leche... —es la respuesta.

Quebrada la quietud matutina, Francisca se lanza sobre la cama como un gato montés rabioso de jugar y revuelve a tal punto el acolchado y las mantas, sobre el cuerpo entredormido de la hermana mayor, que provoca como respuesta un beso mordiscón y un aluvión de cosquillas. Amelia nunca se enfada con su hermanita.

—¡Ven aquí Ana, ayúdame a atrapar a este gato salvaje!

Una manta llega volando desde la cama vecina, y se desata la guerra de almohadas, hasta que las plumas comienzan a escapar por un hueco accidental en una de las fundas.

—¡No, basta, que después soy yo quien lo debe coser!

Príncipe, el perro, va hasta la mesa del desayuno: huele la leche caliente, ve que la mano de su ama corta la torta de frutas con un cuchillo; tampoco está mal el chorro de café oloroso y musical. Mira el rayo de sol a través del dorado de la miel. Vuela hacia el dormitorio de nuevo, En su mirada se lee ¿cómo es posible que todavía estéis aquí, con los olores que vienen desde la cocina? Y vuelve cerca de Catarina, la madre de las niñas.

Las tres chicas se percatan de los aromas. Esto hace que se calmen los ánimos.

—¡Olor a budín de frutas...!

—¡Esto me voy a poner, que es domingo, hay que ir a la iglesia!

Ana coquetea en el espejo. Francisca, con dulzura infinita, acaricia con sus deditos el pelo de Amelia, su hermana mayor. Se visten con su ropa mejor y se ayudan mutuamente a ajustar las cintas y moños. Una ceremonia especial antes de ir a la iglesia es el peinado de los bucles de Ana, la del medio, durante la noche protegidos bajo una cofia para no parecer por la mañana un nido abandonado. Amelia, la mayor, y Francisca, la pequeña, que nacieron con seis años de diferencia, son parecidas en el aspecto físico: largos cabellos castaños y lacios, rostro ovalado, piel de cierto color blanco, que con los soles de primavera se va poniendo color té con leche, ojos marrones con expresión de caricia.

Los muros de la casa son de piedras, en el salón-cocina hay una escalera de pino que lleva a un entrepiso de madera, los muebles son campestres pero muy firmes y bien construidos. Hay un fuego encendido en un gran hogar de piedras y la mesa puesta para el desayuno del domingo, con un mantel blanco bordado. En un ángulo hay un sofá con almohadones tejidos al crochet y una mecedora antigua. Por las ventanas se ven los claroscuros del bosque y la pradera inclinada, que se está llenando de flores: amapolas rojas y claveles de varios colores.

Catarina disfruta del sonido del chorro de leche humeante cayendo sobre los tazones, que le despierta recuerdos de su infancia. Antonio, el padre de las niñas, ya está sentado, saboreando un gran trozo de bizcocho. Las tres hijas llegan desde el dormitorio alborotadas, terminando de retocar las cintas de sus vestidos y cabellos. El abuelo José baja por la escalera.

—Hoy vamos todos a la iglesia, padre...

—Buenos días José, ¿cómo ha dormido? —saluda Catarina.

—A mí me dejas en mi taller, Antonio... que estoy bien allí...

—¡Hola abuelo...!

—Hola Cata... hola niñas...

—Madre, ¡qué rico está este budín!

—Por favor, Amelia, pásame la miel...

—¿Ayer te has encontrado con Pedro? —las arrugas del abuelo se profundizan entre sus ojos.

—Sí, lo he visto, también han estado allí los ingleses. Les han ofrecido buen dinero por las tierras —el abuelo José presta atención y sigue masticando en silencio—. Hay que aguantar, padre. Con la venta de este mes vamos a poder pagar los impuestos atrasados y, si nos ajustamos un poco... Me ha dicho así, con estas palabras y tono solemne: "Los D'Almeida no venden". Ellos son como nosotros. No están hechos para abandonar las montañas.

—Pero hay otros que ya han malvendido y se están yendo. A Sudamérica, bueno, lo entendería, pero África... —interviene Catarina.

—Los Vidal se fueron a la ciudad, madre...

—¿Qué va a ser de nosotros, solos aquí, Antonio?

—Tranquila, Catarina, Dios sabe que el mal momento no puede durar toda la vida.

Poco después, el abuelo José se levanta con su gorra en la mano, mira con agradecimiento a su nuera, da palmaditas en las cabezas de las niñas y aprieta la mano de su hijo Antonio con afecto. Francisca se levanta y lo abraza por un costado, llegando apenas a completar el círculo de su abrazo, porque el abuelo es robusto. Él, que se ha vuelto de pocas palabras, responde con caricias en la cabeza de la niña y sale por la puerta rumbo a su taller de carpintería. Francisca mira por la ventana cómo se aleja con su caminar cansado.

—¡Francisca...! —la llaman, pero no escucha porque está concentrada en el abuelo José, hasta que la humedad condensada en el vidrio le dificulta seguirlo con la vista.

AL OTRO LADO DE LA FRONTERA

En el pueblo de Monsagro, cercanías de Ciudad Rodrigo, Provincia de Salamanca, en tierras de España, nacía en 1863 Claudio Rodríguez Pérez.

—¡Que ya viene el niño! ¡Llamen a doña Remedios! ¡Que viene el niño! —la voz corre a velocidad mágica en aquel Monsagro incontaminado.

—¡Rápido! A calentar agua, María...

—¡Ah... Ah... que no... que no... Ayúdenme...!

—¡Esa sábana no! ¡Uy... que está saliendo algo...!

Su madre, que había estado amasando el pan hasta hacía veinte minutos, actuaba con un temple admirable para una joven, aunque experiencia tenía, puesto que ya iba por el tercero.

Claudio no dio tiempo para nada. En vez de llorar, coloradito y sucio como estaba de placenta, comenzó a emitir grititos que parecían de alegría... y a sonreír con los ojos azules, porque estaban semiabiertos y estirados, anticipando a todos que no había tiempo que perder, que la vida era una fiesta.

La familia se dedicaba a fabricar carbón, un lujo para la época. Esto les daba un pasar económico holgado. Vivían en un caserón de dos plantas, a unos doscientos metros del pueblo; era justo allí donde comenzaban sus terrenos. Muros de piedras, en partes encalados por dentro, entablonados en los pisos y en los techos, ventanas de madera natural con postigos, una cocina inmensa con un mesón de tres metros, hogar a leña y fogón a carbón. El agua les llegaba de la vertiente de más arriba, pero también recolectaban agua de lluvia en un estanque. Poseían recuas de mulas para el transporte desde lo alto de las serranías hasta los pueblos vecinos, y criaban pollos, conejos y cerdos para el alimento familiar. En un llano cercano a la casa cultivaban grano y lino. Tenían obreros destinados a las tareas más bravas, y sobraba trabajo para todos. Gozaban de una buena vida, sin tener que pensar para nada en el día de mañana.

Don Gervasio Benito Pérez —de otra familia Pérez—, uno de los dos sastres del pueblo, había contraído segundas nupcias con Juana, una hija de la familia Zarzo. El 15 de septiembre de 1869 venía al mundo la única descendiente de Juana: Benita Pérez Zarzo, quien estaba llegando para alegrar la vida de don Pérez el sastre, ya viudo y con dos hijos mayores. ¡Y cómo la mimaban! Benita era la niña de los ojos de sus padres. Pero, muy a pesar de tanto mimo, salió gentil, dulce, agradecida. Aprendió todos los oficios correspondientes a una buena mujer. Sabía leer, pero escribir... eso no se preguntaba, pues era costumbre española de pueblo, en esa época, que la mujer no practicara el "impúdico" arte de la escritura. Eso era considerado inútil y, en cierta forma, peligroso, ante la posibilidad de comunicarse sentimentalmente con algún hombre por escrito. ¡El tachón de deshonestidad que habría caído sobre la joven y la familia! Claro que era capaz de escribir, pero no eran cosas de las cuales vanagloriarse en tertulias sociales. La Biblia, se la sabía completa. También conservaba en su memoria coplas aprendidas de romanceros y pregoneros, quienes cantaban en la plaza las noticias más relevantes a un pueblo que contaba con ellos para satisfacer sus demandas de información.

Un ventoso noviembre, después de que Benita cumpliera quince años, le pasó algo que la dejaría marcada para toda su vida. Monsagro era un pueblo pequeño y lo es aún. En esa zona, en esa época del año, es normal que corran vientos considerables; por eso había ganchos entre las piedras del muro, a los lados de la única ventana de la casa que tenía postigos por fuera. Esa ventana daba a un huerto que, descendiendo por una ladera inclinada, se transformaba en un pequeño bosque. Con las ráfagas de viento la ventana se estaba golpeando, porque se habían olvidado de enganchar un postigo. Si hubiesen sido más de las cinco, habría abierto la ventana y la habría cerrado por dentro, pero era temprano, eran solo las dos, aún había mucho que hacer, de modo que la buena luz de la tarde era necesaria. Benita decidió salir, rodear la casa, para poder sostener ese postigo que se estaba golpeando con tanta insistencia. Fue allí cuando descubrió que se golpeaba porque el gancho de la pared se había salido. Se puso a buscar el modo de sostenerlo con algo; miró a su alrededor y descubrió que más allá, apoyado contra la muralla, había un palo pesado con el cual podía sostener el postigo, acuñando el palo entre el suelo desparejo y una hendedura horizontal de la madera del postigo. Cegada por el viento y la urgencia, no se dio cuenta de que en un intersticio del palo había una araña venenosa que se estaba refugiando de la incipiente tormenta, ansiosa por llegar a la pared y colonizar uno de los seguros espacios entre las piedras. Cuando ella tomó el palo por la mitad, moviéndolo, la araña, enfurecida, le saltó al vestido, se aferró a uno de los pliegues y, en un veloz pasaje, se introdujo por el dobladillo de sus enaguas. Benita entró en la casa, se ordenó los cabellos que el viento le había despeinado, luego estuvo toda la tarde bordando una blusa, y por la noche, después de leer unos pasajes de una historia de príncipes y, como todos los días, partes de la Biblia, se retiró a su habitación, dejó la vela en la mesilla, se sacó el vestido, se peinó los cabellos mirándose en un espejo oval, se sentó en la cama para sacarse primero las medias, luego las enaguas... y fue en ese instante cuando la sintió y la vio, desdibujada por la luz de la vela, encima de su pierna, mordiéndola.

Benita dio un grito, pero después se quedó muda; saltó, con todo su cuerpo erizado por la adrenalina, espantando, aterrorizada, a la araña con sus brazos. En la desesperación por aplastarla se cayó la vela y se apagó. No veía nada, y se retorcía como loca porque no se atrevía a quedarse quieta para estar a merced de la araña. Las nubes densas no permitían el paso de la luz de luna. En una danza extraña, con el corazón desbocado, en completa oscuridad, salió corriendo de la habitación, descalza y casi sin ropa, al mismo tiempo que sus padres llegaban. Esa noche no quiso volver a su habitación. La cerraron, bloquearon el perímetro de la puerta con trapos, le lavaron y apretaron la picadura para que saliera el veneno que la araña le podría haber introducido, cubrieron a Benita con una manta, y durmió con sus padres. Cinco horas después, la pierna se le había hinchado mucho y tenía sudoración, náuseas y fiebre. De modo que don Pérez el sastre fue a buscar al veterinario del pueblo, porque médico no había; el hombre tenía su finca en las afueras de Monsagro.

Entraron en la habitación de Benita con la luz del día. Allí estaba la araña, muerta sobre el piso, parecía tan pequeña e inofensiva, marrón, semi aplastada; con sus ocho patas retraídas no se entendía lo grande que podía haberse visto cuando estaba viva y en buena forma. El veterinario fue a ver a Benita, que estaba en la habitación de sus padres con paños fríos en la pierna y en la frente para contrarrestar los delirios de la fiebre.

Sus padres siguieron al pie de la letra la prescripción del "doctor", quien, de otro modo, no habría garantizado la salvación de la niña. La habitación de Benita se aireó, se limpió completamente y se cambiaron las sábanas; la recostaron por tres meses, con la pierna en alto sobre los hierros de los pies de la cama, con un almohadón debajo de su pierna, compresas frías de cierta hierba y la prohibición de bajar la pierna de allí. También le dieron de beber una poción para aliviar los síntomas. Con el paso del tiempo, la fiebre fue bajando hasta desaparecer; la hinchazón de la pierna, que en dos días había llegado a ser alarmante, comenzó a disminuir, y la pobre Benita siguió allí, sin poder caminar, aunque se moría de ganas, sin mover la pierna, porque su "doctor" no se lo permitía. El buen "doctor" no tuvo en cuenta que en tres meses sus huesos iban a crecer y que esa posición, mantenida durante tanto tiempo, iba a producirle una malformación. Cuando los adultos se dieron cuenta, ya era tarde. Estaba curada, pero nunca le perdonó a ese pretendido médico el daño que le produjo en la pierna, que quedó deformada hacia adelante para toda la vida. El evento marcó su carácter: inconsciente de su propia belleza y aprovechando para disfrutar de lo que le gustaba, que era coser y bordar en casa, evitaba en lo posible mostrarse por el pueblo, ya que la pierna deformada, según ella, se le notaba, aunque la realidad es que quedaba disimulada entre la vestimenta generosa de la época.

Pero la historia de Benita, la hija mimada de los Pérez Zarzo, no es relevante por la araña, sino porque a los veinticuatro años y dos meses, a las tres y media de la tarde, cansada de bordar manteles y pañuelos en el taller de su padre, se quedó dormida un minuto con el sol de primavera acariciándole los largos cabellos ceniza. Fue solo un minuto, pero cuando levantó la mirada hacia el cuadrado de cielo que se veía por la ventana, se encontró con los ojos azules más hermosos que jamás había visto, acompañados por una voz clara y alegre que se asomaba pidiendo por el sastre. Quedó prendada de Claudio y de su belleza rústica, rubio casi pelirrojo e inimaginablemente simpático. Él, que creía ya saberse de memoria todos los rincones de Monsagro y haber probado el vino de todas las mesas, no comprendía cómo, en un pueblo tan pequeño, le había pasado desapercibido ese taller de sastrería donde hasta las abejas hacían silencio para no despertar a un ángel de cabellos rubios ceniza y donde el brillo de la siesta parecía existir por obra de un milagro. Benita, aun maravillada como estaba, sintió que venían a su mente recuerdos del evento de la araña, de su pierna deformada, como cada vez, por el resto de su vida, que sabía que su defecto se pondría en evidencia. Dos semanas después, los Rodríguez Pérez, vestidos de domingo, visitaron a los Pérez Zarzo. En una acartonada reunión con licores y masas, Claudio, flamante treintañero, corazón de fiesta, pidió la mano de Benita; y se fijó un año para la boda.

Juana le dijo a su hija:

—Al menos, leña no te va a faltar —hacía alusión al oficio de la familia Rodríguez, proveedores del carbón de la zona. Corría avanzado el 1893.

Muchos años después, Benita recordaría las palabras de su madre y la razón que tenía, sin saberlo... pero eso lo dejamos para más adelante.

PLACERES Y DISGUSTOS NACIONALES

Hemos vuelto al Portugal de 1892. Mientras los otros se preparan para ir a la iglesia, Francisca se ha quedado en la ventana, mirando desde sus ocho años al abuelo José, que camina pesadamente hacia el taller de carpintería. Su aliento en el vidrio encuadra con cierta magia un presente que, sin conciencia plena, se funde con otros tiempos pasados y futuros. Los ojos de Francisca lo siguen mientras puede verlo, sus pies cansados, sus manos como los mismos troncos añosos que modela en el taller. Ella nota en el abuelo las señales de una vida dura, de hombre sacrificado que va sobre sus pies y elabora con sus manos. Son las partes de su cuerpo que, físicamente, sufren más, junto a la columna, la espalda también. Hay algo más de cincuenta metros entre la casa y el taller de carpintería, luego no lo ve más. El interior del taller es acogedor, paredes de piedra vista, pisos de pino rústico, con un fuerte mesón para trabajar, herramientas de carpintero y otros enseres de campo colgados en el techo y los muros. También hay una montura sobre un soporte de madera. A veces el abuelo cabalga. En un hogar grande de piedras, ve que todavía quedan brasas encendidas del día anterior, cuando las mueve con un atizador. Se sienta un momento a mirar el fuego. Un piso de piedras recuadradas se extiende por dos metros de frente a la boca del hogar y se eleva formando dos bancos a los lados, encajonando la posible salida de chispas.

El abuelo José, fuerte y tenaz como un roble antiguo, ha cambiado desde la muerte de su esposa. Si bien las fuerzas van en disminución al tiempo que la edad en aumento, no es eso lo que se ha torcido en su corazón desde aquel día, puesto que aún le gusta efectuar las tareas de leñador y campesino; simplemente el hecho de sentirse desamparado, despojado del amor de toda su vida, le ha hecho tomar conciencia de una desilusión profunda con respecto al futuro de las generaciones venideras. Oprimido por un sentimiento latente pero negado hasta el momento, se ha dejado arrastrar hacia el más oscuro pesimismo. La enfermedad de su mujer lo había mantenido entretenido, hasta el punto de olvidar casi por completo el curso de los eventos políticos y económicos que acaecían por aquellos años en Portugal. Pero cuando ella murió, luego de un tiempo de tristeza infinita, solo contenida por la compañía silenciosa de Francisca y su manecita sujetándolo a este mundo, sintió surgir la vida de nuevo a su alrededor y con ello la sensación que lo había comenzado a preocupar diecinueve meses atrás. Ahora no habla mucho, solo lo hace para trabajar, materializar la comunicación básica de subsistencia, transmitir algún conocimiento o dar un consejo útil. A la iglesia ya no va. Admite la existencia de un Dios, pero está enojado, se siente impotente por primera vez en su vida. Tantos años apostando al trabajo, toda una vida acariciando un sueño y ahora, ya más cerca de la estación de llegada, en lugar de la paz, la conciencia del peligro, la agria sensación de vulnerabilidad, de haber trabajado por nada. Los domingos descansa. Para él, descanso es encerrarse a trabajar la madera y a estar en silencio, porque es en ese silencio que reencuentra y disfruta amargamente los fantasmas de las ilusiones perdidas. Aunque su cuerpo se distiende, su mente ya no reposa.

El Portugal de fin de siglo está golpeando en la cara a los obreros campesinos y a todos los que no son lo suficientemente ricos como para ser poderosos. Amenaza con hacer sucumbir las economías de sustento de los pequeños agricultores y propietarios de bosques en las montañas.

Pero eso no pasó del día a la noche, fue un proceso que se fue gestando a través de la historia, especialmente desde fines del Siglo XVIII, cuando los aires de la Revolución Francesa ventilaban en Europa las ranciedades de las monarquías absolutas del continente. En esa época, la nobleza portuguesa se regodeaba en el enorme flujo de riqueza proveniente de las colonias americanas que, por ley real, solo podían abastecerse en la madre patria, y respetaba acuerdos con los ingleses, señores del mar, para no ser obstaculizados en el comercio marítimo. Pero, he aquí que Inglaterra plantó cara contra la Francia revolucionaria de Napoleón, para evitar que esos impulsos republicanos infectasen a sus gentes. Entonces, al definirse España en favor de Francia, Portugal se quedó solo en la península, dependiendo de Inglaterra para "respirar". A pesar de haber pagado a Francia su neutralidad con territorios, ante la inminente invasión francesa de 1807, la cúpula del absolutismo: el rey, la corte y sus servidores —diez mil almas— escaparon a Brasil en barcos escoltados por naves de guerra inglesas, y establecieron la Corte en Río de Janeiro.

Brasil fue transformado en un reino, en un imperio mucho más importante que el pequeño y abandonado Portugal. Este contaba con la defensa militar de los ingleses, no sin beneficio propio —que nunca dieron "puntada sin hilo"— pero era siempre maltratado por los actores de los advenimientos de un convulsionado Siglo XIX.

Al otro lado del océano se gestaba un imperio liberal, que se abrió a la importación de vinos y elaborados de todas partes del mundo. Esto significó un empobrecimiento de Portugal, que hasta el momento había sido su único proveedor. Se produjo una "disgregación general" del Portugal ibérico. La única cabeza que quedaba allí era la autoridad militar, ¡que estaba conducida por ingleses!, lo que provocaba antipatía a los militares portugueses y se "comía" la mayor parte de los ingresos públicos en el mantenimiento de su gigantesco aparato. ¡Ay! ¡Los ingresos públicos! ¡Eran los tributos de los agricultores desangrados los que sostenían pulsante el debilitado corazón del país! ¿Qué otra fuente había? Ninguna. No había industrias de transformación. Casi todo lo elaborado se importaba desde otros países europeos, pioneros de la Revolución Industrial, que en Portugal era tratada como una utopía.

La situación proveía el caldo en el que se cocinaban las ideas liberales, buscando constitucionalizar una monarquía que, así como se presentaba, se había revelado incapaz de conducir al país por la vía de la prosperidad.

Fueron muchos los pensadores deseosos de cambiar el mundo, con grandes discursos y buenas intenciones, pero con poco conocimiento y capacidad para poner en práctica sus ideales. Durante el '800 se alternaron revoluciones y restauraciones monárquicas, siempre con la intromisión de Inglaterra como moderadora de los conflictos, golosa de los beneficios que obtendría en cada caso. El pueblo se volvía permanentemente contra cualquier gobierno oficialista en favor del que no lo era, porque ninguno ofrecía solución a sus problemas. Y cuando, por motivos electorales, el oficialismo cambiaba de bandera, también se declaraban contrarios, ya que tampoco resolvían sus padecimientos. Por incapacidad o egoísmo, se caía en la trampa de relativizar las soluciones a la visión parcial de los solucionadores, sin integrar a todos: los gobernantes no veían más allá de las propias conveniencias de su casta. Y así la gente volvía a creer en las palabras y los discursos del opositor de turno, viviendo en una ingenua e ilusoria lucha, en la cual eran utilizados para cumplir los objetivos, pero no eran siquiera considerados a la hora de distribuir los beneficios.

Portugal había quedado en el atraso total con respecto al resto de Europa. No existía inversión, ni tecnología, ni personas preparadas para llevar adelante tales emprendimientos, siendo el pueblo en su mayoría analfabeto. Lo único de lo cual se podían valer para producir algo era la tierra.

Las clases altas y el aparato estatal exigían ser sostenidos; por lo tanto, el agricultor no podía escapar de una presión fiscal asfixiante, más fuerte que nunca, porque era el único capaz de producir, para dar de comer, con las cada vez más exageradas tasas, a una estructura privilegiada e insensible en las alturas de la pirámide social, que no se solidarizaba con los dolores económicos del pueblo.

Mientras se concentra en las tallas que construye con gran placer, por la mente del abuelo José van y vienen los recuerdos del pasado mezclados con los del presente. Imágenes de personas, ricos y pobres, amigos que ya no están, desfiles de la nobleza en carrozas doradas forradas de satén, gente de buen pasar en sus tertulias ciudadanas, comerciantes con sonrisas de dientes inmensos, cuadrillas de operarios construyendo ferrocarriles y puentes, los sonidos y los silencios, los ruidos y las pausas, el martillo sobre el hierro, contrastes entre la invitante vida de la ciudad y el campo empobrecido, gente rica comprando novedades importadas, el olor de la madera recién cortada, sierras y operarios madereros, bosques, el ruido del pino que cae, agricultores dorados por el sol, comiendo pan con queso de cabra, su nuera ordeñando las cabras... El campo parece no estar en el corazón de un mundo ávido de cambio progresista, cuyos hilos, manejados por visionarios calculadores, marcan el ritmo a las incautas criaturas, herederas del pecado original y ancestral de su propia inocencia.

La ensalada ochocentista romántica de placeres y disgustos nacionales se amarga cuando en su mente se cuelan las inevitables imágenes de los recién llegados: ingleses elegantes con sombreros de copa sobre sus caballos...

—José, mi amor... ya no te preocupes más... será lo que tenga que ser... —dice su esposa muerta detrás de un dorado rayo de sol de la ventana. Es una voz tan tranquilizadora. Cierra los ojos, para seguir sintiéndola solo unos segundos más e imaginar el perfume de su piel.

Según recuerda el abuelo José, su abuelo le contó que, muy lejos en el tiempo, los Maria habían obtenido los derechos de propiedad de aquellos pinares, así como los D'Almeida, sus tíos, se habían hecho de terrenos cercanos, un poco más al sur.

En los valles, en los años de su abuelo y también cuando él era solo un muchacho, a principios de siglo, aún quedaban terrenos sin dueño o campos que sus propietarios no se molestaban en cultivar, donde los campesinos establecidos en los alrededores desde tiempos muy lejanos llevaban los animales a pastar y recogían frutos. Algunos desarrollaban parcas economías de subsistencia: tenían sus pequeñas huertas, unos pocos animales, recolectaban leña seca para cocinar y darse calor en los inviernos. Lo que no tenían, se lo procuraban trabajando en propiedades rurales, cuyos dueños les entregaban una parte de lo producido en calidad de salario. Cuando a José le venían esos recuerdos, le entraba una gran nostalgia de aquellos días en que, sin ser fácil —porque nunca había sido fácil— las necesidades no eran muchas y se podían satisfacer en aquel campo generoso, abierto a todos.

Ya en la segunda mitad del siglo XIX, la población del mundo aumentaba de forma exponencial, había necesidad de materias primas que en el exterior se pagaban muy bien. El mercado del comercio internacional estaba abierto y prometía interesantes ingresos. Es entonces cuando entró en juego, una vez más, la trampa que sumergió a Portugal en una gran pobreza estructural:

"¿Para qué arriesgar abultados patrimonios en la generación de procesos industriales si podemos obtener mucho dinero velozmente por la vía fácil del comercio internacional? ¡Nuestros fáciles y baratos frutos de la madre tierra!"

De acuerdo con estos principios, promovían la exportación de materias primas. Intentaban sacar el mayor partido a aquello que ya tenían: el producto agrícola. El costo de la mano de obra era irrisorio y no había dificultad para reclutarla, aun así, era un costo que dolía. Dolía mucho a los trabajadores, porque no alcanzaba, y dolía bastante a los empleadores, por el desequilibrio económico y la presión fiscal.

Así es como se fue cambiando el estilo: se comenzó a hacer una explotación completa de los terrenos adecuados para el agro. Los acaudalados, que hasta esos años habían hecho solo un uso parcial de la tierra, comenzaron a cultivar todos los terrenos incultos y adquirieron aquellos cuya propiedad había sido común hasta el momento, cuando no habían sido, excepcionalmente, comprados por otros campesinos con ahorros, quienes se habían convertido en pequeños propietarios rurales de relativo buen pasar económico. Estos cambios asfixiaban a aquellos campesinos que no habían llegado a ser propietarios, a los cuales ya no se les permitía cultivar sus pequeñas huertas ni hacer pastar a sus animales —ni tener animales— y menos recolectar leña para sus chimeneas. Dejaron de recibir la compensación por su trabajo en frutos de la tierra, puesto que tal situación ya no convenía a los terratenientes: la producción agrícola había cobrado un valor que hasta el momento nunca había tenido, por lo tanto, debía ser extraída y entregada a la exportación, que pagaba bien. El sueldo de los campesinos se había transformado en dinero de papel y estaba perdiendo valor; muchas veces, destinado a ser canjeado por productos de sus mismos pagadores. Pocas monedas con significado de vacío, de pobreza. Hueco dinero que nunca alcanzaría, ni casualmente, para restituirse las maravillas perdidas: el alimento seguro, el calor de un fuego, la serena paz del campesino de otros tiempos.

Mientras tanto, en las ciudades, la opulencia reinaba en las mansiones de los afortunados. Otros sectores de la sociedad, que se habían enriquecido con esos nuevos aires —aburguesados nuevos ricos, entusiastas por el consumo de moda de los artículos importados— copiaban con imitaciones provenientes de Inglaterra y Francia las fastuosidades originales. Muchos obreros del campo, cambiando una miseria por otra, emigraban hacia la periferia de los centros elegantes, en busca del salario para trabajar en las pocas fábricas e industrias de transformación que habían surgido por peso propio y verdadera necesidad local, cuando no para satisfacer la demanda de productos por parte de las colonias. Pero la mayoría de los hombres no encontraba trabajo, porque no había tantas industrias como para absorberlos a todos, mientras que sus mujeres podían hacer trabajos domésticos. Los operarios llegados del campo que lograban encontrar un trabajo en la ciudad, viviendo con grandes sacrificios, promovían la promoción social de sus hijos a través del estudio; si tenían buena suerte, pasarían a formar parte de ciertos estratos de la sociedad burguesa medio-baja de la época: el oficinista, el empleado público, el maestro. Tales elementos sociales ahorrarían para comprar un vestuario adecuado y se desenvolverían como burgueses de puertas afuera, para limitar las carencias económicas a la intimidad de sus casas.

La monarquía constitucional se ocupaba solamente de construir vías de comunicación —convenientes para sus propios intereses— y dejaba a los privados el desarrollo en todos los demás campos. Este orden de cosas generó un contexto en el cual los terratenientes y burgueses buscaron la forma de aumentar sus riquezas, cumpliendo la ancestral formula de salvarse solos, o quizás en grupos de élite, tratando al resto de la población como apestados de pobreza, algunos de ellos necesarios para las tareas duras y el resto condenado a la supervivencia indigna.

En lo cultural, poco a poco, Portugal se había dejado de mirar a sí misma y había girado la cabeza hacia los polos de la novedad: Londres, París... Ropas hechas de telas importadas, utensilios importados para ayudarse en las tareas cotidianas, obras de arte y muebles importados decorando pasillos y ambientes, casas que copiaban la arquitectura europea de las grandes capitales y señoras bien perfumadas con aromas fabricados en Francia. Lo propio, si es que se lograba fabricarlo, no valía. Si un dibujante de la época hubiera querido hacer una ilustración irónica de la clase de buen pasar, para poner en una gacetilla, ya imaginamos el tipo de dibujo que habríamos visto: los personajes y escenarios característicos del entorno del 1900 en el mejor estilo modernista, llevando adelante sus vidas con alegre inconsciencia, y todos como hipnotizados, como si un poderoso imán los atrajera, con la cabeza vuelta hacia el norte, para no perderse ni un detalle de *La Belle Époque*: modas, artes, pensamientos e ideologías de la aventajada Europa del norte.

En un proceso dual de sumisión inconsciente y sometimiento fatídico, santificaban lo importado y condenaban lo local por sencillo, falto de calidad, falto de clase. ¡Y que lo era, por lógica! Las calidades de los artículos no podían ser las mismas, puesto que el abismo de atraso era de un siglo.

La principal inversión de la clase burguesa era hacerse de propiedades para alquilarlas a la gente que podía darse una buena vida. Aunque, cuando se trataba de invertir su dinero, no desestimaban otras casitas menos ambiciosas, destinadas a ser ofrecidas en renta a las cada vez más numerosas familias que cambiaban el campo por el espejismo de la ciudad, muchas de las cuales vivirían luego en la miseria ciudadana, masticando las angustias de ver todas las cosas materiales que existían y que ellos nunca iban a poder tener.

—Creo que Venancio te está llamando... —dice su mujer, reapareciendo detrás de la luz dorada de la ventana.

Desde la puerta del taller, hacia la derecha, se ve la abertura por donde su nieta Francisca está otra vez mirando, ajena al grupo que ya va saliendo de la casa. El abuelo imagina sus pies ligeros empinados para ganar altura y uno de ellos elevándose en un gesto muy suyo; sus manitos tocan inconscientemente el vidrio, dibujan con el dedito. Siente de repente la voz de Ana que la llama desde el sendero.

Se pone la capelina volando, se la sujeta con cintas y sale por la puerta principal corriendo, su vestido también vuela con la brisa; cuando ve al grupo continúa, pero a modo de pequeños saltos, sosteniéndose el sombrero; el perro Príncipe la sigue y ella alcanza al grupo que baja por el sendero. El abuelo se asoma y alcanza a ver solo sus cabezas, hasta que se hunden en la pradera, tras el desnivel del terreno.

EL NIÑO QUE QUEDÓ SOLO

Una voz... —¡Don José, don José, venga rápido si puede! —es la voz de Venancio, el joven que se queda a vivir en el bosque, con su familia, en una cabaña entre los pinos de más arriba. Desde su casa se domina la mayor parte de los terrenos, que protege por voluntad propia, por gratitud con los Maria.

Tiempo atrás, la esposa del abuelo José lo había cuidado como una madre después de llegar de la ciudad, hambriento y vestido de harapos. Era todavía un niño cuando sus padres, pobres y sin trabajo, habían sido acusados injustamente de robo y matados a tiros por un guardia borracho. Venancio había visto todo, escondido detrás de unos toneles. En lugar de llorar, permaneció mudo. En lugar de correr, quedó clavado en el piso, sostenido fijamente por el peso de su profunda impotente soledad.

Al otro día, a las cinco y media de la mañana, fue encontrado por una señora que pasaba por allí con unos tarros que contenían leche para vender. Estaba sucio y dormido, acurrucado en el espacio entre dos toneles. Intentó despertarlo, el niño la miro sin hablar, pero se aferró a unos herrajes que sobresalían. La vendedora de leche, aunque conmovida, pensó en los seis críos que tenía en su casa para alimentar, dejó a su alcance un jarrito viejo con leche recién ordeñada y un trozo de pan que llevaba en su delantal, y se prometió a sí misma que avisaría a la primera autoridad que encontrara en el recorrido de ese día. Venancio, cuando quedó solo, se metió el pan en el bolsillo, bebió la leche y salió corriendo hacia las montañas. Nadie volvió a verlo y nadie lo extrañaba.

Apareció en los terrenos de los Maria, junto a una perra pequeña que lo había seguido por varias horas. No hablaba ni habló por tres meses, pero supo que allí era donde quería vivir, y ahí se quedó. La mujer de José intentó darle un lugar junto a Antonio, pero Venancio fue, durante toda su infancia y juventud, un muchachito hosco, retraído, sombrío, como un pajarito con alas desbaratadas. Prefería siempre la soledad de la cabaña escondida, hasta que conoció a Margarida y salió a la luz su capacidad de cultivar la esperanza, tantos años aletargada. Cuando José quedó viudo, Venancio, ya hombre maduro, lloró como un hijo, derramó todas las lágrimas que de niño no había podido derramar nunca más desde aquella noche espantosa, y ahí se terminó de curar de aquel dolor, como si su segunda madre lo hubiese limpiado con su propia muerte.

—¡Don José, hay unos hombres extraños en el bosque, vienen a caballo!

—¿Qué hacen, Venancio?

—No sé, hablan otra lengua. Esos no son de aquí.

El abuelo José carga el arma de caza, después duda un momento; entonces, vuelve a dejarla sobre el soporte en la pared de la cabaña. Se pone el abrigo que tiene a mano y sale caminando con Venancio, que ha dejado su caballo suelto, pastando.

Ciento cincuenta metros más abajo, alcanzan a ver al grupo de ingleses señalando diferentes sectores de los bosques, con sus ropas elegantes, con altos sombreros de copa y aires de suficiencia sobre sus caballos perfectos.

LOS INGLESES EN SUS CABALLOS

Los ingleses permanecen montados en sus caballos. Solo uno de ellos desmonta, se saca el sombrero de copa y se dirige hacia el abuelo José, reconociendo en su mirada la jerarquía del patrón.

—Buenos días, don Maria —dice, en un portugués decorado con un acento de retorcidos firuletes.

Se nota que ese hombre pertenece al grupo de los que están en Portugal desde hace algunos años.

Los Maria habían oído hablar de empresarios ingleses que habían comprado pinares y estaban talando los bosques. José se pregunta a sí mismo si usarían la madera en Portugal o se la llevarían a Inglaterra. Esto último le parece poco práctico, pero, tratándose de los ingleses, venían inventando tantas cosas...

—Mi nombre es Walter Brown. Represento a la Compañía Maderera de Coímbra. Estamos visitando sus terrenos para evaluar alternativas de compra. Ya hemos adquirido algunas propiedades vecinas.

—Estos bosques no están en venta, y no creo que mi compadre D'Almeida quiera vender.

El inglés dibuja una gran sonrisa en su rostro y extiende una tarjeta al abuelo José. Luego dice que las tierras de los Maria le interesan, que es una buena oportunidad para aprovechar, pues ofrecen buenos precios, que más adelante bajarán. Los cabellos dorados del inglés reflejan el sol que acaba de aparecer detrás de una nube pasajera; entrecierra los ojos con expresión de dificultad, mientras espera la reacción del abuelo.

—Señor, nosotros hemos trabajado estas tierras desde mucho antes de la época del abuelo de mi abuelo, ¿cómo cree usted que podríamos vivir fuera de aquí?

—Entiendo, pero le ruego que conserve la tarjeta. Volveré.

El abuelo José permanece en silencio, un silencio cargado de significados, de historia. Toda su vida, la vida de sus ancestros y los cien años que vendrán pasan por su mente en un instante y se detienen en su garganta. Tiene que tragar para poder respirar.

El inglés casi comprende, solidario hacia esos sentimientos que él mismo habría experimentado si se hubiese encontrado en el lugar del abuelo, aunque, de inmediato, resignándose fácilmente a la fatalidad que lo ha puesto en el rol del verdugo, hace una venia, se pone el sombrero de copa, monta en su caballo, da la vuelta y retoma el camino por donde había venido. Los otros ingleses, sintiéndose tácitamente invitados a abandonar el lugar, lo imitan.

En ese contexto era lógico pensar que la aplastada industria local requiriera cada vez menos materia prima. Tratándose de la madera en bruto, el oficio de los Maria y los D'Almeida, debido al peso de las piezas, no era un elemento de fácil exportación. Además, los países del norte poseían extensos bosques de donde proveerse. Estos países, más bien, estaban enfocados hacia la puesta en práctica de otras estrategias para otros objetivos, más cercanos al logro de la hegemonía económica, lo que significaba hablar en gran escala. Más allá de la madera, en la mira estaba la posición privilegiada para el comercio, y las tierras, para generar agricultura. Ya sabemos que Portugal mantenía una simbiosis con Inglaterra, por negocios y política de colonias. El régimen portugués de la época favorecía todo a los ingleses, incluso las compras de terrenos por latifundistas de aquel reino, con el fin de explotar las riquezas, el trabajo humano y la hegemonía que daba la presencia estratégica en diferentes puntos del mundo. La economía en receso de estos campesinos les venía muy bien como elemento de presión. En este sentido, era mejor que los campesinos sufrieran el ahogo económico, así se desprendían de sus tierras con mayor determinación y alivio. El fisco presionaba con impuestos excesivos. A través de esta presión, ejercida por avidez de fondos, se transformaba, de paso, en aliado de los buitres. De modo que los Maria y los D'Almeida, como tantos otros, trabajando sus amados bosques, obtenían cada vez menos compensación, y el aire de inestabilidad se hacía sentir cada vez más. Todos aquellos en su situación se iban volviendo pobres con tierra.

DECISIÓN TOMADA

Alguien llama cuando regresan de la iglesia.

—¡Espera Antonio! —es la voz de Manuel Ferreira, quien los ha visto desde lejos y ha apurado el paso, junto a sus hijos Manuelito y Carlota— debo conversar contigo y tu esposa. Tenemos novedades.

Los Ferreira son los vecinos más cercanos. Antonio los conoce desde niño: Manuel y Félix. Jugaban juntos de pequeños, y aprendieron los oficios de leñador y artesano carpintero ayudando a sus padres. Antonio Maria y Manuel Ferreira llevan vidas similares. En la misma fiesta popular habían conocido, cada uno, a su respectiva novia, jóvenes que luego se transformaron en las compañeras inseparables de la vida. Félix había emigrado al Brasil tres años atrás, con esposa e hijo. Manuel quiso quedarse en las montañas.

Catarina mira a Manuel con una chispa en los ojos:

—¿Es que tendremos que felicitarlos? Ya había visto yo que la figura de tu mujer se ensanchaba. Y se lo dije. ¡Me alegro tanto Manuel!

—No, no es eso…. bueno, sí: un niño viene en camino… gracias Catarina. Pero se trata de otra cosa —el gesto se entristeció— Vamos a vender la tierra, nomás. Nos vamos, Antonio.

—Pero, Manuel, la tierra… tomar una decisión así…

—Estoy cansado Antonio. No veo futuro aquí, estamos cada vez peor. Ya no puedo pagar a los obreros, los niños son aún pequeños para ayudarme. Ya sabes que los otros embarazos de mi mujer han sido difíciles. Desde que mi hermano vendió y se fue al Brasil, llegan sus cartas cada dos meses, con buenas noticias. Ha abierto un almacén en un poblado cafetalero, ha podido comprar unas tierras y necesita gente de confianza para administrar sus negocios durante sus viajes al interior...

—¿Y a quién las vendes...? Sabes que nosotros, en estos momentos, no podemos...

—No, no, una compañía inglesa nos ha hecho una buena oferta. Están comprando terrenos al norte y por la ribera del Mondego. Es nuestra oportunidad de cambiar de vida, Antonio. Pagaríamos las deudas, el viaje a Brasil, y nos quedaría una buena parte para comenzar en el Nuevo Mundo.

—Manuel, solo te pido que lo pienses, nosotros te podríamos ayudar a salir adelante, con obreros nuestros, Catarina y mis hijas podrían ayudar a tu mujer en la casa hasta...

—No puedo pensarlo, Antonio... ya he recibido una parte del dinero.

En épocas anteriores, no era la necesidad de sustento la principal motivación de los hombres para dejar esperando a sus familias, mientras emprendían la aventura de las colonias, sino el ferviente deseo de enriquecerse. Muchos hombres solos se habían ido a Brasil o a otras colonias a hacer dinero, y habían vuelto ricos. Y lo podían hacer si se esforzaban. Y podían ir y venir a través del mar. Pero, en la última mitad del siglo, el panorama había cambiado radicalmente: la población estaba creciendo, se producía un vaciamiento del campo y se notaban más que nunca los estragos de las desigualdades sociales y el hambre.

Al principio, la cúpula nacional no veía con buenos ojos eso de la emigración masiva, pero luego comprendieron que los cientos de miles de autoexiliados de mitad de siglo se iban a Brasil solos, por lo cual debían dejar a sus familias en la península y enviar a Portugal el dinero que lograban amasar, para mantenerlos. Observaron maravillados que la economía encontraba en estos viajes una interesante compensación. Era como si la geografía de Portugal se hubiese extendido como una gran mancha de aceite, dando trabajo a muchísimas personas, y esto crease una afluencia de dinero ultramarina sin precedentes, ni siquiera comparándola con aquella de fines del siglo anterior. Aunque también tal situación favoreció que en Portugal las cosas siguieran estando como siempre, con escaso interés en incrementar la inversión productiva.

Si antes los viajeros, en su mayoría hombres aventureros, dejaban en casa a sus familias, en 1892 algo había cambiado: casi todos los que se iban a América se llevaban consigo baúles, mujer, hijos, historia y hasta muebles. Rara vez volvían, puesto que el móvil del desarraigo no era ya la aventura de la riqueza prometida del Nuevo Mundo, sino la supervivencia, el miedo a quedarse y perecer.

UN BURRITO BLANCO

45

Nube rebuzna en el establo y mueve una pata delantera. A su manera saluda a Francisca, que viene desde la casa con parte de la comida para la cuadrilla de trabajadores y la carga sobre las cestas del burrito. ¿O es que Nube saluda a la comida, con la esperanza de probarla algún día? Es herbívoro, pero no insensible a los buenos aromas del aire, aunque sean de pan y queso o guiso de cabra. Blanco y lustroso, rosado dentro de las orejas, dientes inmensos y ojos seductores, ya tiene las cestas acomodadas una a cada lado de su lomo; de eso se han encargado antes Amelia y Ana. Falta muy poco para el descanso del almuerzo. Francisca corre hacia la casa a buscar lo que falta de la comida; le encanta ayudar, ir con el burrito hasta la parte del campo donde su padre, su abuelo y los trabajadores se juntan a medio día para comer, alrededor de una larguísima mesa de pino, debajo de un techo rústico. La chiquilla ha heredado de su madre toda la dulzura, candor y femineidad de la mujer portuguesa, y de su padre, además de una voz melodiosa, ciertas chispas de ingenio desconcertantes en una pequeña de ocho años. Es determinada, pero mansa, fluye como un río calmo y profundo que discurre suavemente, siendo contenedor de sus riberas, cuando por lógica debería ser al revés. Ella contiene, sostiene, ayuda, contempla y escucha.

Desde la ventana de la casa, los ojos de su madre se fijan en sus cabellos oscuros movidos por el andar acompasado del burrito, que tiene las cestas gigantes colmadas de pan, queso y otras delicias, festejado por el perro, que le corretea alrededor durante todo el sendero, y que se detiene solamente por el olor de un conejo agazapado entre la hierba o quizás para disturbar con placer la calma de algún charco cristalino. Los ojos sonrientes de Catarina sueltan a Francisca allá lejos, al comprender que la mirada de Antonio, desde lejos, la recibe y acompaña por el resto del camino, hasta que llega.

También descansan los bueyes, el arado, las herramientas y los incansables pájaros multicolores, que al mediodía se atreven a posarse en la tierra abierta, casi lista para la siembra del trigo de primavera, en busca de gusanitos, pajas y palillos para hacer sus nidos; se asientan desafiantes, amigos del espantapájaros. Tiene más poder sobre ellos el águila real que a veces se puede ver allá en lo alto, danzando con el viento, en días de sol. Cuando el águila sobrevuela los campos, las avecillas desaparecen, van a refugiarse en el bosque. Luego vuelven.

Catarina, por la mañana temprano, ha ordeñado las cabras. Ha tenido una buena producción de leche. Amelia y Ana siempre la ayudan en las tareas de la casa: están aprendiendo a fabricar quesos. Lo han visto hacer tantas veces que ya lo saben de memoria. Después, llevan los quesos a un sector muy ventilado del piso alto para ponerlos a orear. Los embutidos, frutos y productos del huerto se conservan en un galponcito fresco que está pegado a la casa, pero más bajo.

Amelia, Ana y Francisca aprenden los mil oficios de la vida en el campo. Desde pequeñas colaboran, aun en las faenas que requieren de cierto temple, como matar un pollo o preparar un guiso para diecisiete. Al atardecer, cuando ya todos los trabajos están hechos, se las puede ver y oír cantando, aprendiendo a rezar, bordando pañuelos, arreglando vestidos, contando historias, preguntando, sin cansarse de nada.

En 1892, con más razón tratándose del campo, no se acostumbra a mandar a las niñas a la escuela, no se considera necesario ni útil, y es raramente deseado por ellas. La ignorancia de la lectura y la escritura no está mal vista. Sucede hasta en familias de buen pasar. En el campo es porque las escuelas están muy lejos y los hijos son necesarios en casa para ayudar con el trabajo. En las ciudades, porque la ambición de la mayoría de las niñas es el casamiento, la formación de una familia. En ciertos ambientes hasta se percibe como un tipo de pecado el deseo de estudiar, porque implica salir, separarse, aunque sea temporalmente, de la protección y el control familiar. Este "pecado", por naturaleza, se le perdona más al varón, pero menos a la mujer. Si se "comete", puede, en muchos casos, para el joven o la joven estudiante, poner en evidencia carencias insospechadas hasta el momento, junto a la necesidad de romper con el entorno que provoca esa carencia, algo así como ver crecer las propias alas y sentir deseo de volar, dado que el conocimiento es padre de sí mismo.

La opinión que de ella tiene la sociedad es determinante para el futuro de una niña de fin de siglo. En los ambientes tradicionales, la única forma que se cultiva para mantener la honra de las jóvenes es retenerlas en casa hasta el día del matrimonio, educándolas en la más profunda fe religiosa, como había sido con sus padres y los padres de sus padres, a partir de un idealismo que, al mismo tiempo, las protege moralmente y las desprotege ante la realidad social, puesto que se mantienen extremadamente puras e inocentes. Quizás demasiado para un mundo que cada vez se avergüenza menos de su decadencia moral.

Y la escuela... no es que alguna vez se hable en casa de ir a la escuela, es más, ni se toca el tema, simplemente así son las cosas. Ni se habla, ni se desea, ni se tiene presente. Solo se toman las cosas como son. A las niñas Maria no se les pasa por la mente. Pero el día anterior tenían un poco de curiosidad en cuanto a su primo Juan D'Almeida, porque él estaba yendo a la escuela y ellas se habían enterado.

—Juancito ha estado yendo a la escuela —dice Francisca.

—Cuando no tiene que ayudar a su padre en el campo —responde Ana.

—Pero la escuela está muy lejos, cuando vuelve es tarde, pierde mucho tiempo —opina Amelia.

—Además, no es bueno que un muchachito vaya solo por esos campos, en estas épocas —interviene la madre, casi como para cerrar el debate.

En un contexto condicionado por el analfabetismo generalizado, las letras y los números solo dan de comer a unos pocos. Y matan de hambre a muchos, entre ellos a los propios maestros de escuela, héroes sin hierro en esa lucha fatigosa para subsistir con tan poco y hacer que los niños vislumbren lo inalcanzable. En efecto, aquellos pocos que son enviados a la escuela descubrirán horizontes nunca antes imaginados, solo practicables en otros ambientes, pero difícilmente alcanzables para un joven campesino. Aquellos que estudien, probablemente, sentirán deseos de abandonar el trabajo agrícola.

Sus primos lejanos, los D'Almeida, tienen bosques de pinos un poco más al sur, terrenos heredados a través de las generaciones. En la zona los conocen con el apodo de "Os Pinheiros". Están emparentados lejanamente con los Maria, y se reúnen ocasionalmente a festejar algún evento familiar. A veces, su hijo Juan y las niñas de Antonio se ven en la misa del domingo y recorren juntos el camino de regreso, hasta la bifurcación. Después, Juan continúa con su madre, y las niñas con su familia, cada uno hacia su casa.

Pedro Joaquim D'Almeida, el padre de Juan, tiene otros dos hijos grandes, de su primer matrimonio.

Al morir su primera esposa, Pedro Joaquim había continuado al mando de la familia por un tiempo, pero todavía era joven y se había casado nuevamente. Sus hijos, ya mayores de edad, habían recibido una parte de los terrenos; él se había quedado con los títulos de la otra mitad, para proteger a Rosa, su nueva esposa, que meses después había dado a luz a Juan. Los hermanos de Juan formaron, cada uno, su familia, aunque continuaron trabajando junto a su padre, sometiendo a él las decisiones más importantes, por respeto y cariño.

Juan es un chico de diez años, bello, cabecita redonda, con sus ojos castaños de largas pestañas sobre su cara blanca. Es inteligente, reflexivo, ágil, bastante alto para su edad y de contextura fuerte. Es creativo. Desde pequeño, prueba las mil maneras de hacer las cosas; arma y desarma elementos de trabajo para mejorarlos, construye herramientas, se ocupa de la huerta por propia voluntad y clasifica las semillas que el próximo año plantará en lugares diversos, para probar cuáles son las mejores condiciones de cultivo. Muy niño, aprendió a cultivar vides y tiene el serio propósito de aprender a fabricar vinos. Sus padres, a veces, se preguntan de dónde saca la energía, la chispa de la curiosidad, esa madurez innata. Y agradecen por tener un hijo que está siempre dispuesto a colaborar.

Una campana que tintinea al cuello de Nube le advierte a Catarina que Francisca vuelve, montada en el burrito, feliz y al trote, con las cestas vacías.

LA IDENTIDAD, LOS IMPUESTOS Y LA TOS

Los meses van pasando, y los ingleses vuelven regularmente a recordar la propuesta a los Maria. La primera vez que retornan aumentan la oferta un cinco por ciento, y la segunda un diez; las otras veces van bajando metódicamente el precio ofrecido, como para hacer sentir a José y a Antonio que si no reaccionan velozmente perderán dinero.

La crisis económica que atraviesa Portugal en los últimos años ha hecho que muchos vendan sus terrenos a la mitad y al tercio de su valor real con el objetivo de abandonar el ingrato trabajo de la tierra. La gente se agota de empujar contra las olas de una economía destructiva. Pero el abuelo se resiste. Y no es que en su interior y en las soledades de su taller de carpintería no lo haya considerado, sino que se niega a dar un paso que significaría una cancelación angustiosa de la identidad familiar de los Maria. El tema también se ha hablado en familia. Todos coinciden.

Los Maria de toda la vida son gente con raíces centenarias en aquellos campos de pinos. Desde siempre, ellos respiran el aire inundado de elixires, nacen y viven con los vegetales que vienen de la tierra profunda y que los complementan como seres; sus corazones forman parte de las piedras, de los aromas penetrantes y de las resinas pegajosas, se parecen a las asperezas de los troncos severos y a las suavidades de las espigas de trigo. Ellos están hechos de amaneceres fríos con agua cristalizada en los aleros. Miran el campo y respiran los pinares desde los ojos del águila real y del halcón. Se ríen del espantapájaros como lo hacen las golondrinas. Sus almas están hechas de cantos de gallos, de bandadas de avecitas migratorias, de ruidos de troncos cayendo, de aullidos nocturnos del viento entre los árboles y de canciones de campesinas lavando ropa en el río.

Ya ha transcurrido un año y medio desde que los Ferreira se fueron a Brasil, en barco de bandera española, con la vida resumida en un monedero celosamente custodiado, tres baúles de madera, tres mil recuerdos atravesados en el esófago... y la vaga esperanza de poder tragarlos algún día. Dos meses atrás llegó la primera carta. Sin exagerar, dicen que la fortuna ha comenzado a sonreírles.

Las cosas para los Maria no van bien. Cada vez hay menos posibilidad de ubicar la madera, por lo tanto, de continuar pagando a la cuadrilla de obreros. Se tienen que desprender de unos cuantos. En la mayoría de los casos, son los mismos trabajadores los que ven el futuro lejos de allí y parten a buscarlo. Los terrenos para cultivos de trigo y otras especies alimenticias son pocos, solo suficientes para el abastecimiento familiar. El fisco pone impuestos cada vez más altos, desproporcionados con respecto a los ingresos efectivos de los propietarios. A raíz de ello se atrasan en los pagos. Los extranjeros merodean como aves de rapiña, pero no vuelven a contactar con el abuelo por unos tres meses.

Un día llega un aviso de que el Gobierno ha transferido una deuda de impuestos que tienen los Maria. En adelante, la negociación de intereses y plazos debe hacerse con los compradores, que son, naturalmente, los ingleses de los sombreros de copa. Aparecen nuevamente, acompañados de abogados, pero esta vez para exigir el pago de la deuda.

—No señor Maria, no está entendiendo bien, sus acreedores ahora somos nosotros y no podemos darle más tiempo. También tenemos obligaciones que afrontar y resultados que demostrar.

—Deme algo de tiempo para solucionar el problema.

—La solución la tiene al alcance de la mano: la cesión del pinar de abajo, lindante con los antiguos terrenos de los Ferreira.

—Dos días le pido solamente.

Acorralados, van a la ciudad para tratar de obtener una financiación en la única institución que está dando crédito a algunos pequeños propietarios en dificultad. Entran en una salita pública, donde un secretario debilucho ordena y sella documentos. Los recibe después un banquero gordo, colorado, que tiene oros por todas partes, desde la boca hasta la gruesa cadena de su reloj, y que se ha hecho esperar, como dictan las normas de los importantes. Los hace acomodar en un pomposo despacho decorado en estilo clásico, con vistas a la transitada calle. Le explican el problema. El burgués con diente de oro, sentado detrás del magnífico escritorio de caoba, con gesto de no entender nada, los escucha manifestando desinterés absoluto. Luego, como si no hubiese escuchado nada de lo dicho, les pregunta cuál es la actividad de explotación de sus terrenos. Antonio y José explican verbalmente con detalle, pero el gordo, además de comentar que no ha comprendido bien, dice que ya no están otorgando préstamos a pineros ni agricultores, que es mejor ir pensando en vender las tierras ahora que aún pueden conseguir precios razonables.

Hay frío en la mirada aguda del banquero, pero su sonrisa quiere transmitir confianza. Antonio y el abuelo José le muestran unos dibujos de las tierras y notan que el hombre se detiene con placer sobre el dibujo, mientras su grueso dedo pasa por encima del nombre Ferreira. "Ah…" es todo lo que comenta. Luego dice que, por estar cerca de las tierras de un amigo, quizás se pueda hacer una excepción, concediéndoles el dinero a cambio de una hipoteca, pero tendría que ser por la totalidad de las tierras. Antes de que José y Antonio puedan reaccionar, se retira pidiendo que lo esperen por unos momentos y desaparece por una puerta a su espalda. Antonio y su padre sienten que hay algo extraño en ese cambio de actitud, pero no saben qué. Hablan en voz baja, discuten los pros y los contras, hasta que el abuelo José siente que le falta el aire, abre la puerta, atraviesa la salita pública, sale por unos momentos a ventilarse, caminando unos seis pasos por la vereda. Es justo en ese instante cuando alcanza a ver, por casualidad, a través de una ventana, el interior del cuarto vecino, donde el gordo "diente de oro" le está dando la mano, fuerte y gozosamente, al inglés rubio de pelo rizado, acreedor de los Maria, quien sostiene con la otra mano su sombrero de copa y con el mismo brazo a una bella dama colgada graciosamente. El gordo ofrece una sonrisa inmensa, a través de la cual se puede ver hasta su epiglotis y más allá, hasta su alma.

—Maldito desgraciado… ave de rapiña.

Desengañado, el abuelo José vuelve al despacho donde Antonio lo está esperando, lo toma de un brazo, le dice "Vamos, luego te explico". Salen sin mucho protocolo. El abuelo se siente ahogado, asfixiado de la impotencia. El hombre debilucho de la salita pública mira primero hacia ellos y luego, a través del vidrio, hacia el interior del despacho vacío. La puertita se empieza a abrir y el cuerpo del gordo procede a atravesarla con estudiado aire pomposo, que se desinfla al encontrarlo vacío. José y Antonio salen, a su vez, por la entrada principal, a tiempo de ver la espalda del inglés de sombrero de copa que, habiendo abandonado el banco por otra puerta, camina gentil y armoniosamente, del brazo de su dama.

Después de una reunión familiar, se toma la decisión: cederán el pinar de abajo a la compañía maderera de Coímbra y quedarán liberados de la deuda.

Los Maria ayudan a muchos, a pesar de que el trabajo y la comida escasean. Comparten el pan, los frutos de la tierra, pero los campesinos comprenden que las puertas van cerrándose para los leñadores. Con razón, buscan una alternativa en las fábricas, en otras ciudades o, a modo de solución al mismo tiempo amada y odiada, en los barcos que surcan el Atlántico. Después de dos años han quedado solamente Antonio, Venancio y el abuelo José para sacar adelante las tareas de fuerza, cada vez con más dificultad. Catarina y las niñas se ocupan de los quehaceres domésticos.

Pero hay que comprar otras provisiones, cada vez más costosas, reparar herramientas, reponer ropas, a veces comprar alguna medicina y, principalmente, pagar impuestos al erario público. Los precios de los enseres crecen a un ritmo alocado nunca visto. El dinero se va de las manos como sal fina, disponerse a hacer cualquier cosa significa abrir el puño y quedarse sin nada; las deudas van aumentando. Han empeñado un anillo muy valioso que había sido de la madre de Catarina, el que había guardado para eventos futuros como el casamiento de sus hijas. Han hecho lo mismo con el poco oro que había en la casa. Por más esfuerzos que hacen, no los pueden recuperar. Cada vez que sobra algún dinero destinado a eso, aparece un pago urgente que hacer, una herramienta imprescindible que comprar, unos zapatos que reponer o una cabrita que curar.

Antonio y Catarina se despiertan una noche con el ruido de la tos persistente de Ana en el cuarto de al lado. Hace una semana que Ana y Amelia están tosiendo por las noches. De día se las ve bien, entonces Catarina se convence de que ha sido uno de aquellos catarros de niños, y el día continúa con las tareas habituales.

El mes anterior estuvieron de visita en Ciudad Da Guarda, en la casa de unos amigos de la infancia de Antonio, para celebrar que su hijo mayor había recibido el primer grado de oficial del Ejército con medalla de honor. La hermana de ese joven estaba resfriada y con tos, pero muy animada y de buen semblante. Al ser de la edad de Amelia estuvieron horas compartiendo juntas, contando historias, probándose sombreros que su tía les había traído de regalo, de un viaje por Francia, Bélgica e Inglaterra; Ana y Francisca también coqueteaban con los sombreros y parloteaban alrededor.

Catarina piensa que sus hijas se han contagiado un buen resfriado de las toses de aquella chica y se culpa a sí misma por haber permitido el contagio.

Entra en el cuarto de sus hijas con un poco de miel, pero encuentra a Ana delirando, acalorada y húmeda. La fiebre baja gracias a los paños fríos en la frente. Amelia tiene algo de fiebre y duerme inquieta. Toca a Francisca en la frente, parece estar bien. Al otro día, aparentemente, lo peor de la gripe ha pasado. No imaginan ni remotamente lo que está por sucederles.

EL CRIMEN DE MONSAGRO

Mientras las mayorías vulnerables de trabajadores portugueses caminan sobre la cuerda floja en el vacío de una crisis total como nación, el pueblito de Monsagro, en España, es el centro de un universo mágico suspendido en el tiempo, romántico, ideal para contener el amor que florece entre Claudio y Benita. Estamos a finales de 1894.

El paisaje circundante es muy parecido al de la tierra portuguesa de los Maria, puesto que Monsagro está muy cerca del límite con Portugal. Los mismos pinares, similares cielos, sonidos y aromas semejantes, pero sujeto a una realidad propia.

El pueblo tiene una calle principal con empedrado. Otras callecitas se pierden hacia los lados siguiendo varias direcciones. La vía se ensancha para formar la plaza central, con el ayuntamiento al fondo y un árbol frondoso en el centro, rodeado por un cantero de piedras, sobre el cual juegan los niños.

Las construcciones son sencillas, campestres, generalmente de dos plantas, hechas de piedras, con dinteles y entrepisos de madera. En la montaña el agua brota de las rocas, límpida, pura, cristalina. Ya desde el siglo anterior entubaron la vertiente y la hicieron aparecer en la plaza, junto a un muro. Construyeron un piletón rectangular contra una pared para contener la caída, hacer beber a los animales y servir de asiento a las mujeres que vienen con sus cántaros a proveerse para la jornada, mientras comentan las noticias del pueblo o escuchan los pormenores de viajeros que han estado en Salamanca y Ciudad Rodrigo. Esta última ciudad se encuentra a solo veinte kilómetros en línea recta, que serán veinticinco o treinta entre todas las curvas del camino. El agua continúa su fluir hasta caer más abajo en el arroyo, solo después de haber satisfecho la sed del pueblito entero, para deleite de los paseantes que se refrescan en ella antes de ir a contemplar el antiguo puente curvo de piedras.

Al final de la calle principal, cuando comienza la pendiente hacia abajo, que desciende hacia el río Agadón, los pueblerinos han seguido la usanza antigua de aterrazar la ladera suave de la sierra, conteniéndola con muritos de pizarra a seco en semicírculo, para formar eras, treinta en total, planicies construidas a propósito para procesar las espigas del cereal. Este proceso se hace a través de la maja o la trilla, es decir, golpear o pisotear las espigas para que se desprenda la semilla y dejar todo listo para hacer luego el aventado, tirando la paja al viento para que se vuele hacia un costado y quede por tierra el grano. Debajo de estas eras el suelo no se puede cultivar, porque hay peña, o sea, roca dura. En el resto de España se ven también eras para trabajar el cereal y las legumbres, pero no como estas: nunca tantas eras juntas. A fines del Siglo XIX, ellos no son, todavía, conscientes de su propia particularidad dentro del territorio español, son un caso único, han sabido aprovechar el espacio con maestría, para cuidarlo y utilizarlo entre todas las familias del pueblo.

Ya casi termina el otoño. Hace meses que la noticia más comentada es la formalización del noviazgo entre Claudio Rodríguez Pérez y Benita Pérez Zarzo. Después se han hecho todos los trámites legales para la boda, llamados "amonestaciones". Mientras tanto, en la sastrería de don Gervasio Pérez, se crea el vestido de novia para su hija y los trajes que habrán de lucir novio y padrinos en la ceremonia. Claudio festeja por las noches con sus amigos de la taberna y llega a su casa cuando todos están durmiendo, pero muchas veces su madre lo espera despierta para darle consejos.

Aunque Claudio pertenece a una familia de buen pasar, no sabe leer ni escribir, porque no ha sido nunca estimulado para ir a la escuela. Hay una escuela pequeña en el pueblo, pero la familia de Claudio considera que, teniendo tanto dinero, ¿para qué empeñar al hijo en estas faenas del estudio, si ya mismo hacen falta otros ojos para vigilar el negocio familiar? Sí, Claudio se casará con Benita, tendrán bellos hijos —todos los que Dios envíe— y continuará con la leña y el carbón, que dan buenos ingresos, a la par de sus dos hermanos mayores y su primo Carlos, quien, hace unos años, quedó huérfano y a cargo de dos hermanas menores.

Un sábado, dos meses antes de la fecha fijada para el matrimonio, Claudio llega a su casa, medio borracho, riendo solo, rememorando la algarabía de una de las tantas fiestas que los amigos organizan para ir despidiéndolo de la soltería, cuando comienza a sentir unos gritos y forcejeos en la calle. Por la ventana, cien metros más allá, mientras la luz del farol ilumina los perfiles de las casas quietas en esa noche sin luna, unas sombras de movimientos furtivos se escurren detrás de la pared de un galponcito de herramientas agrícolas. Claudio se pone de nuevo la chaqueta, se calza el cuchillo en la cintura para estar protegido, baja las escaleras y sale a la oscuridad de la noche, en dirección al ruido que ha sentido. Corre unos sesenta metros, todavía vestido como había llegado de la parranda. No ve nada. Detrás de unos arbustos se topa con un bulto y cae encima de él. El bulto se mueve. Son dos hombres. Reconoce la voz de Rafael González, que le dice:

—Claudio, no he sido yo...

—Pero... ¿qué ha pasado, Rafael?

—Ha habido una riña aquí cerca, no he podido ver quién era el otro, a Carlos le he seguido hasta aquí, corría medio muerto...

—¿Muerto? ¡Pero... pero, cómo!

Claudio se gira en la oscuridad para auxiliar a su primo Carlos y su camisa se mancha con la sangre del moribundo, que emite un lamento ahogado.

—Yo le he llamado, pero no me escuchaba y ha caído aquí...

Claudio se agacha, para poder sentir lo que quiere decir Carlos, quien parece no lograr emitir una palabra completa, y alcanza a oír su último hilo de voz:

—Que le digan a ese infeliz que me ha matado por nada... Ah...

—¿Quién ha sido, primo?

Carlos no puede responder. Rafael parece sordo y fuera de sí, solo continúa hablando sin escuchar.

—¡Le he dicho que me confesara quién le había hecho eso, pero se ha quedado mudo, y he comprendido que ya no había más nada que hacer!

Claudio se siente aturdido. Carlos, su primo, está tendido boca arriba con la camisa y los pantalones húmedos de sangre, muerto. Él mismo ha quedado manchado con su sangre.

—¡Ha dicho algo! ¡Ha dicho que lo han matado por nada! "Que le digan a ese infeliz que me ha matado por nada." Rafael, ¿tú has sentido lo que ha dicho?

—Yo no he sentido nada. ¿Y tú qué haces aquí si te he visto que te has ido antes que nosotros, Claudio?

—He oído, yo...

Claudio, alterado por el alcohol que tiene en el cuerpo, no sabe qué hacer, a dónde ir, a quien llamar ni qué decir.

Quince minutos después, Rafael y Claudio se presentan en el cuartel de la Guardia Civil a pedir ayuda y a declarar el suceso. Las camisas blancas de ambos y sus manos todavía manchadas con la sangre de Carlos. El jefe les advierte que no abandonen el pueblo y los deja ir, pero a la mañana siguiente, sin haber encontrado indicio alguno para exculparlos y entrando a la fuerza en la casa de los Rodríguez, se llevan a Claudio al calabozo, entre las caras sorprendidas y los reclamos de toda la familia. Minutos después hacen lo mismo con Rafael.

Benita se mira el cuerpo en el espejo porque hace un par de meses que se siente extraña. Hinchada, ya la ropa no le entra, la descose por detrás y oculta lo descosido sobreponiendo un chal, pero cree saber o intuir lo que le pasa, por lo que ha oído hablar. El amor que Claudio y Benita se tenían estaba sellado para siempre desde aquel minuto mágico en el taller de sastrería. Una tarde de otoño, desoyó los consejos que el peso de los siglos daba a las "buenas chicas" y se entregó en cuerpo y alma, sin pensar en lo duro que sería desafiar al torbellino de lenguas envenenadas detrás de las ventanas. Cada vez que rememora los hechos de su vida, llega a la conclusión de que, si hubiera tenido que vivir mil veces, mil veces habría decidido amar a Claudio sin arrepentimientos. Pero ahora que está viendo su cuerpo cambiar, comprende la tromba que se le viene encima. Respira con alivio al recordar que en dos meses ya va a estar casada, y finalmente la "cosa" se solucionará sin escándalo. Decide que es mejor no hablar con sus padres por el momento, para no romperles la ilusión. Sale de su habitación al mismo tiempo que entra su padre de la calle, con la terrible noticia:

—Claudio y Rafael González están en el calabozo por la muerte de su primo, Carlos Rodríguez.

Benita, que está yendo a mirar el día por la ventana, se pone primero amarilla, después blanca, y al final cae redonda, alcanzando a colgarse de una cortina pesada, la que también cae, junto con su soporte de madera, que al venirse abajo rompe tres copas que había sobre la mesa.

—¡Virgen Santísima! —dice la madre de Benita, corriendo hacia ella.

La reanima y ayuda a sentarse en el suelo, mientras don Gervasio, su padre, se acerca por el otro lado de la mesa, incapaz de entender la reacción, ya que Benita, si bien mimada, no es de esas jóvenes melindrosas que se desmayan ante la más mínima brisa; es más, tiende a reaccionar de un salto y hacer lo que sea necesario para oponerse a lo que esté torcido. A modo de ejemplo, a don Gervasio le viene a la mente el suceso de la araña. Benita tranquiliza a la madre, le dice que está bien, que ha sido solo la impresión, hace el esfuerzo para ponerse de pie; ahí es cuando su madre siente un crujido de telas que se abren, ve el vestido descosido y asocia en su mente la rotura de la ropa con el desmayo, las mejillas rozagantes que le han venido a Benita en estas últimas semanas, el apetito voraz. Su madre, aunque de escribir y leer sabe poco, es capaz de sumar dos más dos. En los momentos siguientes se queda muda y sorda. Don Gervasio pregunta "que no sé qué del agua" y "no sé cuánto de una silla", y su mujer responde "Sí, sí" o "No, no", sin saber lo que le están preguntando, ya que en su mente caben solo las cavilaciones de lo que se debe, se puede o conviene hacer en el próximo minuto.

En cuanto el padre se va al taller de sastrería, Juana le pregunta a su hija:

—Benita, ¿has hecho lo que no debías hacer? —Benita, muda— Tú y Claudio, ¿ha pasado...? —Benita, primero muda, pero después alza los ojos hacia su madre con la boca apretada, que se abre mezquinamente para pronunciar un avergonzado "Sí", casi inaudible.

—Lo siento, madre... ha pasado...

Cuando el padre se entera, toma el sombrero y la chaqueta para ir a arreglar cuentas con el novio, aunque sea en el calabozo, pero entre Juana y Benita lo convencen de que no vaya, de que será peor armar un revuelo en el pueblo, que pondrá en boca de todos el honor de su hija.

—¿Acaso él te ha obligado de algún modo?

—No, padre. Nos amamos y vamos a casarnos.

—¡Y no podíais esperar como corresponde! ¡Teníais que complicarlo todo! ¿Y ahora qué va a decir la gente de ti? ¡De nosotros!

—Lo siento, padre, perdóneme. Nos casaremos en dos meses y todo se acomodará.

—¿Cómo puedes decir eso, hija mía? ¿No te das cuenta de que lo han detenido por la muerte de Carlos? ¡Está en el calabozo! ¡Puede estar preso por años!

—¡Pero él no puede haber hecho eso! ¡Él no es así! ¡Es un buen muchacho!

—¡Y lo creerán porque tú lo dices!

—¡Quiero ir a hablar con él! ¡Acompáñeme, por favor, padre!

—Por el momento, no. Deja que se aclaren un poco las cosas. Ya veremos qué sé hace en los próximos días.

Era extraño, pero Carlos, el muerto, como si hubiera arrancado un pedazo de papel al asesino, tenía en la mano cerrada la mitad de una esquela amarilla algo manchada de sangre y vino, escrita con letra muy prolija, cuya otra mitad, cortada en diagonal, no aparecía por ningún lado. Se leía "No me..." y más abajo "Me has..." "Me he entera..." Nada se podía leer con claridad. Por eso los guardias la pusieron en una caja junto a las otras pertenencias del muerto. Además de la sangre en las ropas, hay otros indicios débiles por los que las autoridades deciden mantener a Rafael y a Claudio en el calabozo. Es lo único que los guardias civiles tienen y a lo cual, ridícula y cómodamente, se aferran.

Rafael y Claudio habían discutido con Carlos por tonterías de borrachos en el bar. Todos los habían visto. Claudio había desafiado a una pelea a su primo por estupideces como quién tenía razón y quién no sobre el bar de fulanito, la calle de menganito, cosa que, seguramente, al día siguiente estaría totalmente olvidado, como siempre pasaba.

Siendo ya noche avanzada, Claudio tomó el camino de su casa y a la distancia percibió que salía gente detrás de él, entre los cuales estaba su primo Carlos, que también se dirigía a casa. Más adelante giró la cabeza, pero ya no lo vio y se desentendió.

Rafael había salido del bar hacia su casa, pero, al percibir una pelea, se desvió para ver lo que pasaba, una calle antes de llegar allí, la luz de un farol le permitió ver a Carlos que corría medio agachado. Cuando se acercó al lugar, vio que Carlos iba dejando una huella de sangre. Se asustó, corrió detrás de él para ver qué pasaba, pero no pudo, puesto que ya había salido del círculo de luz que proyectaba el farol y había entrado en lo más negro de la noche sin luna, en una confusión de tropiezos ciegos con un cuerpo en movimiento y, segundos después, con otro cuerpo que chocaba con él en otra dirección. Este último era Claudio que, ingenuamente, estaba recibiendo las cartas de una mala jugada del destino: una mano que se había procurado él solo, siendo tan bello y encantador como inconsciente, fiestero, eventual borrachín y bocón.

El juez de Ciudad Rodrigo inicia una investigación a partir de lo poco que tiene, sin dejar fuera de sospecha a la familia de Claudio, por especulaciones acerca de un móvil económico, puesto que Carlos es un pariente y tiene su parte del negocio. Envía a un emisario que se instala en el pueblo e interroga a todos en sus casas, uno por uno, varias veces. Automáticamente, quedan suspendidos todos los derechos de efectuar actos civiles o viajes a aquellos que han quedado implicados. Adiós, por el momento, al matrimonio tan ansiado de Claudio y Benita.

Más adelante, los comentarios de la gente echan luz sobre Maruja, una joven del pueblo a quien el vientre abultado se le ha empezado a notar, y las sospechas de la muerte de Carlos caen sobre el hermano de la chica. Pero este declara que esa noche se encontraba en Ciudad Rodrigo y presenta testigos que lo vieron allí. Lo cierto es que nadie sabe quién puede haber sido el autor del escándalo, ni los motivos que pueden haber llevado a una persona a querer matar a alguien como Carlos, cuyo mayor pecado había sido emborracharse algunas veces o robar algún beso furtivamente a alguna damita enamorada, y que también tenía tantas virtudes de buen hermano y de amigo fiel.

Se respira un aire espeso, las miradas de todos cambian, como también cambian las perspectivas desde las cuales se observan mutuamente entre los habitantes del pueblo. Aun los que están liberados de sospecha, en vez de seguir con su vida normal, caen esclavos de la atracción colectiva de este suceso tan infame. Parece un tiempo maldito. Nadie se casa ni bautiza a sus hijos, y los que son viejos o están enfermos y tienen que morir, esperan, como si antes de irse necesitaran saber el desenlace. Una muerte violenta y misteriosa en el pueblo es algo que nadie de los vivos recuerda haber vivido. Para estos sencillos habitantes, semejantes delitos impunes son vicisitudes propias de otras épocas de la historia, cuyos protagonistas llevan bajo tierra varias décadas, o hasta podríamos decir un siglo.

Benita, quien ya tenía tres meses de embarazo cuando se enteraron sus padres, habla con Claudio en el calabozo, confirma en su corazón que no ha sido él. Le cuenta que están esperando un hijo. La noticia hace que Claudio sienta más angustia, pero, al mismo tiempo, alegría y esperanza. Lo que más le preocupa a Claudio es que su hijo va a nacer y no podrá ir a reconocerlo para darle su apellido. Benita lo tranquiliza:

—No te preocupes, lo harás después, cuando termine esta pesadilla.

Sus padres, lo único importante para Benita además de Claudio, después de un primer momento de enojos, comprenden, aceptan, perdonan y, finalmente, esperan con éxtasis el momento de recibir en este mundo al primer fruto de ese amor: un bebe rubio, rosadito y de bellos ojos marrones, al cual llamaron Benito Benigno. Benito como la madre y el abuelo.

Benito Benigno Pérez Zarzo nace en Monsagro, Salamanca, en tierras castellanas, el 3 de abril de 1895. Tiene un padre al que ya todo el mundo conoce como tal, pero la ley no permite inscribirlo con su apellido, visto que Claudio y Benita aún no se han casado. Para que sea posible, el padre debería presentarse a reconocerlo, pero Claudio y Rafael aún siguen injustamente detenidos. Ya han pasado seis meses desde la muerte de Carlos sin que las investigaciones concluyan. Es anotado como hijo natural, con el apellido de la madre.

El nacimiento de Benito, en el pueblo de Monsagro, parece ser el toque de un hada dando fin a un encantamiento. Del mismo modo che un dominó de naipes pierde el equilibrio, los acontecimientos comienzan a resolverse uno tras otro, como si cada carta cayera naturalmente por el peso de la carta precedente.

Al emisario del juez, hombre perspicaz, sin poder llegar a cerrar un evento que a ojos de todos no tiene el menor sentido, se le ocurre empezar de nuevo, haciendo una lista detallada de todas las personas que estaban en Monsagro la noche del incidente. El pueblo colabora de forma precisa, cada uno contando su verdad y sus vivencias de aquellas horas. Interrogan a todos, menos a los niños. Así se dan cuenta de que hay uno que aún no ha sido interrogado. Entonces, a juicio de las autoridades, surge una nueva pista. Algunos comienzan a preguntarse dónde está Fernando Puertas, que ya casi no lo han vuelto a ver de paseo por el pueblo.

El muerto, Carlos Rodríguez Martínez, al quedar huérfano de ambos padres, poseedor de una discreta herencia y a cargo de sus dos hermanas, apenas cumplida la mayoría de edad, se había incorporado al fructífero negocio de su tío, el hermano de su padre, que procuraba la leña y el carbón a todo el pueblo.

Fernando Puertas, hijo de un proficuo comerciante de Ciudad Rodrigo, que iba a Monsagro a pasar los fines de semana, conocía a Carlos desde siempre, pero le había perdido simpatía al enterarse de que también estaba enamorado de Carmencita Palacios Delgado. Y eso lo sabía todo el pueblo, lógicamente. Ambos comenzaron a cortejarla, hasta que, finalmente, Carmencita se decidió por Fernando Puertas. Pero las aventuras de Fernando en Ciudad Rodrigo le habían traído como consecuencia un hijo no deseado y una mujer no amada, que se conformaba con el mantenimiento para ella y su hijo en una casita humilde de la periferia de la ciudad, con una escasa y rigurosa cuota que el padre de Fernando le asignaba todos los meses. Fernando no le había contado nada de eso a Carmencita; si se hubiese enterado, lo habría abandonado. Quería comprometerla antes con el vínculo matrimonial, pensando que así la podría tener con él para siempre. El que se enteró de la doble vida de Fernando fue Carlos, a través de una florista de Ciudad Rodrigo.

Carlos ya había comprendido que Carmencita prefería a Fernando, pero él a Carmencita la seguía amando como cuando la había conocido, siendo aún niños. No permitiría que Fernando la engañara. Si aun sabiendo la verdad, Carmencita mantuviera el compromiso con Fernando, él se quedaría tranquilo. Lo paró en la calle, al atardecer, fuera del pueblo, para darle un ultimátum.

—Te doy un plazo de tres días para que encuentres la manera de salir airoso, pero la verdad se la tienes que contar, o se la cuento yo mismo.

Fernando, desesperado, masticando rabia y aprovechando que no había nadie que escuchara sus palabras, había jurado a Carlos que lo mataría si se atrevía a decir algo. Después, en la taberna, se había emborrachado hablando las verdades al vino y a las copas, mientras alguien en las sombras de una mesa vecina disfrutaba con el banquete de chismeríos que tendría para contar a su mujer. De ahí hasta que la verdad llegara a los oídos de Carmencita pasaron catorce horas solo porque era de noche, dos horas más para que la joven lo rechazara para siempre con una fría esquela de cuatro líneas y cinco horas de vino para que la borrachera le metiera a Fernando mil demonios en el cuerpo.

Sin poder pensar claramente, viendo doble, armado con el puñal que llevaba siempre en la cintura, esperó a Carlos, que no tenía nada que ver, hasta que lo vio salir de la taberna. No recordaba claramente cómo había hecho lo que había hecho, pero sí que lo había dejado mal herido al desgraciado, quien todavía se atrevía a implorar por ayuda, maldito causante de su desventura, gritando como loco que él no había abierto la boca, que Fernando se estaba equivocando, que lo había matado por nada.

Fernando Puertas vio venir a Rafael González y escapó por una calle lateral, se acostó en las sombras, curvándose para confundirse con uno de los muretes de las eras, detrás de unas parvas de paja que habían quedado por allí; pero por las eras no podía bajar, era un camino muy incierto que no le permitiría escabullirse con facilidad. Cuando se aseguró de que nadie lo viese, se fue en el otro sentido, para salir del pueblo, ocultándose de la luz de la luna, adentrándose en los bosques, lastimándose en la oscuridad contra arbustos espinosos, torciéndose ambos tobillos en las zanjas repentinas; corrió y caminó durante toda la noche y se refugió en un galponcito semiabandonado a mitad de camino entre Monsagro y Ciudad Rodrigo. Al día siguiente alcanzó la ciudad amurallada.

Se mantuvo sobrio por tres meses, tratando de armar en su mente el rompecabezas de aquellos dos días en Monsagro. Quería convencerse de la traición de Carlos para justificar el fin de la miserable existencia del traidor que le había destruido el futuro. Pero después de varias noches de no poder dormir, entre pesadillas de justiciero inseguro, se había dado cuenta de que a su propia vida se la había arruinado él solo.

Comenzó a ir a Monsagro solamente una vez por mes, al anochecer, porque tenía miedo de que lo que había hecho se le notara en la cara. Entre copas, trataba de enterarse de las noticias de la investigación, pero discretamente. Dejaba que el tema lo sacara otro. Una tarde, Carmencita Palacios Delgado lo vio pasar y pensó que, con un mínimo gesto de cortesía, se iba a detener para disculparse con ella, y quizás, en su propio corazón de adolescente enamorada, habría encontrado un sitio para reconstruir alguna ilusión. Pero Fernando hizo una venia con el sombrero y siguió caminando, contando las piedras del suelo para que no se le viera la cara de susto. Consiguió que Carmencita se fuera a su casa sin hablar con nadie, se encerrara en su cuarto sin pegar un ojo en toda la noche y, al día siguiente, se pinchara por accidente ocho veces con la aguja del bordado.

¿Dónde estaba Fernando Puertas que ya casi no lo habían vuelto a ver?

Pues, Fernando Puertas estaba cargando en la espalda el peso de su conciencia, con el fantasma de Carlos vigilándolo desde un ángulo de la habitación, con una botella ya vacía en la mesilla de noche y otras tres en la cocina, esperando que alguno fuera a buscarlo, porque ya no podía más callarse lo que había hecho.

A veces le arrojaba el cuchillo al fantasma para que dejara de mirarlo, pero Carlos no siempre desaparecía, y muy a menudo volvía, ensangrentado, envuelto en las sombras de la noche, al mínimo ruido del viento.

Cuando la Guardia Civil de Ciudad Rodrigo entró para interrogarlo sobre la noche del crimen de Monsagro, Fernando Puertas estaba flacucho, olía mal y no dijo una palabra hasta que llegó al cuartel. Pero en el bolsillo de su chaqueta encontraron la otra mitad de la esquela amarilla manchada de sangre y vino, con la firma de Carmencita. En el ángulo más oscuro de su habitación, clavado de punta en la pared tantas veces agujereada, apareció el cuchillo manchado de sangre.

Con las cosas en su lugar, Monsagro retoma el ritmo perdido, largamente postergado durante meses de incertezas. Los vecinos comienzan otra vez a mirarse a la cara sin desconfianza, el aire enrarecido se vuelve diáfano y Benito, el niño de Claudio y Benita, comienza a crecer entre aquellos perfumes frescos de montaña.

Cerrados los pormenores legales, Claudio y Benita se casan, ella con veinticinco años, él con treinta y uno, tienen otros hijos y los apellidan Rodríguez, pero Benito, que es el orgullo de la familia Rodríguez, permanece, sin caer en

la cuenta de ello y sin que nadie se preocupe por modifi-
carlo, con el apellido Pérez Zarzo, ya que de eso no se habla
más ¡y menos delante del niño!

LA TUBERCULOSIS

Portugal, finales de 1892. Largas jornadas de hospital en Ciudad Da Guarda. Catarina ya se sabe de memoria las baldosas cuadriculadas, las negras y las blancas, las sanas y las rotas, los perfiles de los muros verdes desteñidos, las puertas chillonas y las silenciosas, las angostas ventanas por donde la luz se abre paso débilmente, como la esperanza en un corazón deshojado, pero más que nada, el olor a hospital.

Amelia y Ana no pueden respirar bien. Lo más probable es que las dos hijas mayores de Catarina y Antonio hayan enfermado de tuberculosis. Les han sido tomadas muestras de expectoración para análisis, pero hay que esperar por lo menos cuatro semanas para saber con certeza si los cultivos que les han hecho resultan positivos o no. Nadie en la familia ha padecido antes esta enfermedad; aunque así hubiera sido, igualmente están todos expuestos. Se toman precauciones más allá de las que ya se vienen tomando desde hace unos días. Se aísla a Ana y Amelia en la habitación de las niñas. Catarina pone la cama de Francisca en un ángulo del comedor.

—Hasta mañana hija mía, que sueñes con los angelitos.

Ha desinfectado toda la casa con ácido fénico, un líquido nauseabundo que le han dado en el hospital, y ha preparado muchos trapos viejos de lino que servirán para la higiene de las enfermas, y que después deberán ser rociados con esa misma sustancia y, en lo posible, quemados. Solo los adultos podrán entrar en la habitación de las chicas, tomando todas las precauciones. Deben hacerse ventilaciones y desinfecciones periódicas. Francisca las mira por la ventana desde fuera de la casa o las saluda desde la puerta, las extraña.

Esa noche, cuando ya todos duermen, Catarina, de rodillas, pide a la Virgen que los mantenga enteros para soportar lo que pueda venir. Luego de pie, agotada, clavada en el piso, recorre con la mirada el comedor, las sombras que la luna produce al entrar por los cristales de la ventana. Oye una quietud como nunca antes había percibido y siente más que nunca que sus destinos ya no están en sus manos. Con esta certeza en mente, su mirada se detiene en el semblante dormido de Francisca, que en el sueño parece estar en paz. Es fuerte. Catarina ruega a Dios que la preserve de todo mal; en una plegaria desesperada ofrece a la muerte su propia vida, a cambio de evitar cualquier sufrimiento a ese ángel. En ese momento se acuerda de qué día es: Francisca está cumpliendo nueve años y nadie se ha dado cuenta.

Un mes después, el diagnóstico de Ana y Amelia se confirma.

A fines del '800, la tuberculosis mataba a las masas sin piedad. Sus principales víctimas eran aquellos que trabajaban y vivían en condiciones de hacinamiento; nadie habría pensado que el monstruo golpearía la puerta de una vivienda campestre, donde el aire puro abundaba y las reglas de aseo se seguían al pie de la letra. Pero es que en esas épocas pocos tenían en cuenta los medios de contagio. Quizás había sido la tos de aquella niña con la cual jugaban a ponerse sombreros… o tal vez en los mismos sombreros traídos desde Francia por la tía, estuviera presente el germen de esta enfermedad. Sin embargo, era probable que, con solo caminar por las calles sobre las escupidas secas de un enfermo, se levantara un polvillo infectado, respirable por muchas personas, y provocara una ola de contagios imprevistos. La saliva era el vehículo apropiado para la expansión del microbio; lamentablemente, el gesto de escupir por cualquier lado era una actitud difundida en todas las clases sociales.

En ambientes médicos, ya se sabía desde hacía una década que la expectoración, al secarse, se transformaba en una fuente temible de contagios, puesto que, de esa manera sutil, los microbios, muy lejos de morirse, se soltaban livianos en el aire volando libres y así se sumaban miles de millones de bacilos, diariamente, por cada tuberculoso. En cambio, cuando el enfermo recién tosía y escupía, la sustancia expectorada se mantenía todavía húmeda, formando una especie de masa pegajosa unida, por ende, controlable.

Los más educados escupían en sus pañuelos elegantes, que después, si eran acumulados en el montón de vestidos para lavar, cosa probable, se mezclaban con el resto de la ropa en un revoltijo infectado que solo Dios sabía cuánto daño iba a causar. Por supuesto, un estornudo o la tos de un enfermo probablemente diseminaría la enfermedad entre todos aquellos que estuviesen a su alrededor, transformándolos, a su vez, en focos de infección, antes de que ellos mismos cayeran en la cuenta de algún síntoma. Y mientras tanto, pegarían estampillas con saliva, se humedecerían el dedo para dar vuelta la hoja de un libro compartido, besarían, se llevarían algo a la boca, incluso sus propias manos, que después ofrecerían para saludar o ayudar a otro en la más loable de las intenciones, sin saber que estaban promoviendo la cadena de contagios.

Era una época durante la cual la séptima parte de la población del mundo se moría de tuberculosis: de tres, uno moría durante el primer año, pero al cabo de cinco años había muerto la mitad de los enfermos. El resto atravesaba el calvario y se salvaba. Había infectados que no se enfermaban, quizás debido a su contextura física o caracteres congénitos que los hacían más resistentes o capaces de contener la enfermedad por un par de años hasta que el mismo cuerpo desarrollara barreras casi definitivas. Por eso, a principios del siglo XIX, se creía que era una enfermedad hereditaria, puesto que los factores genéticos predisponían a la persona a padecerla o resistirla. La observación de las enfermedades en una familia a través de las generaciones había llevado a este supuesto.

Cuando las niñas se contagiaron, había pasado solo un año desde que el prusiano Koch había demostrado que se transmitía por contagio. Muchos médicos morían en la lucha contra la tuberculosis, intentando descubrir vacunas y curas. Sin embargo, en esa época nada cierto había por hacer para curar esta temible enfermedad, más que mejorar el ambiente y el clima, prodigar cuidados físicos a los pacientes, aliviarles los síntomas. Cualquier otro intento era un paso a ciegas. No existían remedios específicos ni vacunas. El bacilo que la producía ya había sido desenmascarado, pero faltaba todavía medio siglo para que los médicos descubrieran el primer antibiótico con altas probabilidades de derrotarla.

Mientras tanto, Amelia y Ana se consumían. A los padres, el doctor les explicó el desenlace previsto de la enfermedad en un día oscuro y angustioso en el cual Catarina parecía estar ausente. Sentía la voz del médico, perdida entre el divagar de sus propios pensamientos; después de largas jornadas ya había perdido la cuenta de los días desde que había comenzado el calvario. Quizás doscientos, doscientos cincuenta, ¿trescientos? Por las noches no dormía en la lucha contra las fiebres, sudoraciones, catarros, malestares de las niñas. Durante el día no descansaba a fin de prodigarles todas las atenciones necesarias y hacer que se les despertase el deseo de comer algo. Perdían peso y ganas de vivir. Catarina luchaba contra la muerte que se quería llevar a sus hijas, en soledad golpeaba los puños contra las paredes, a ver si arrancaba de las piedras la energía para ponerse una sonrisa en la cara desfigurada.

Hasta el más recóndito paraje de esas montañas había caído en el más duro de los desamparos. Los Maria empeñaron las pocas joyas que quedaban y los ahorros familiares a fin de consultar a los mejores especialistas, recurrir a curas milagrosas, hacerles respirar el aire de aquí o de allí. Francisca, a veces relegada pero nunca olvidada, ayudaba como podía, con su carita de incertidumbre mansa. Antonio trabajaba cada vez más duramente. El abuelo José se desangraba de dolor en las tardes solitarias del taller de carpintería, el ente recaudador exigía impuestos cada vez más ilógicos, los extranjeros en sus caballos talaban los bosques, que conseguían mediante acuerdos y compras de deudas, y obligaban a los campesinos a entregar los pinares por pagos miserables, verdugos de un descontrol hacia el cual el Gobierno hacía la vista gorda.

Un par de años antes, a partir de los eventos políticos de 1891, cuando la casa real había cedido a las presiones de los ingleses sobre las colonias de África, el pueblo trabajador se despertó de su sopor y logró comprender que estaba siendo traicionado por la monarquía, si bien constitucional, a través de cesiones, pactos y alianzas para proteger intereses mezquinos, lejanos del bien común. Para el pueblo sencillo, lo blanco era blanco, lo negro era negro. No comprendían las posiciones estratégicas, cuando ellas implicaban hambre, sufrimiento, pobreza estructural.

Amelia y Ana se fueron con los primeros vientos de otoño del '93, murieron con dos semanas de diferencia. Los Maria estaban quebrados por el duelo y habían quedado en la ruina. Todos los campesinos de la región, en pocos años, habían sufrido historias paralelas de barbarie y miseria. Algunos también con serias enfermedades a cuestas.

Llegaron a un punto en el que las cosas comenzaron a precipitar una tras otra, arrastrando a la familia en la vorágine. Tuvieron que malvender tierras para no morirse de hambre. Ni aun así era fácil, debido a la escasez de alimentos. Las compañías inglesas, con aliados potentados, ostentaban la hegemonía de la industria maderera. Su madera de pequeños y reducidos propietarios ya no tenía mercado, costaba más producirla de lo que se ganaba por venderla, las tierras ya no daban para pagar los impuestos por tenerlas. Ya no tenían cabras, habían vendido todos los animales, habían perdido las porciones de prados cultivables, no tenían qué comer. Tenían hambre. Los pocos alimentos que había costaban caros en exceso.

Francisca vio cómo el abuelo José se vio obligado a firmar la cesión del último pinar que les quedaba, recibiendo, como único saldo a favor, una bolsa de panes para que la familia pudiera resistir hasta encontrar trabajo en la ciudad.

Dos meses después, el abuelo murió de pena, harto de la desilusión, y un año más tarde, Catarina dejó este mundo desde una cama de hospital, con una pulmonía. Los dolores pasados la habían dejado tan débil que, al primer descuido, pasó un soplo de viento helado y le arrebató el aliento. Sin embargo, se fue con una sonrisa, porque comprendió que la muerte inexorable se estaba cobrando el pago ofrecido para dejar a su hija pequeña libre de todo mal.

Así es que Francisca, a los once años, había perdido todo lo que amaba en el mundo, menos a su papá. Entonces, decidió que dedicaría la vida a quererlo mucho, a sostenerle el alma, para que no se sintiera tan solo.

En ese tiempo, Antonio ganaba un sueldo de miseria, apenas alcanzaba para el alquiler y unas pocas cosas. Francisca se ofreció para trabajar como tejedora en una fábrica textil. La aceptaron, aunque, como todavía era una niña, le pagaban tan poco que con lo que ganaba durante un año entero solo comían medio año. El fantasma del hambre acechaba, siempre cerca, a menudo ajustando la cuerda y soltando tan solo un poco, lo justo para permitir el respiro a duras penas.

A finales del siglo XIX, el trabajo infantil era cosa de todos los días, era visto por las familias como una ayuda imprescindible en la economía familiar y la oportunidad de aprender un oficio para el futuro. Si había padre y madre en una casa, quizás podrían ir un par de años a la escuela, si es que tenían una cerca. Se necesitaba, al menos, el trabajo de dos, cuando no más, para sobrevivir en un hogar. Para los empleadores, los niños no rendían como los adultos, pero también recibían menos paga, y para los empresarios de la época eran una interesante opción en los trabajos para los cuales hubiera sido un desperdicio pagar el sueldo de un adulto. Tenían manitos pequeñas, que podían rebuscárselas con los trabajos repetitivos delicados. Cuando ocupaban niños en las fábricas textiles, los ponían a atender más que nada las hilanderas, unas máquinas que contaban con cientos de husos en movimiento; ellos estaban permanentemente de pie o en mala posición, controlando los hilos, limpiando y en algunos casos lubricando las máquinas mientras funcionaban, recogiendo desechos, bajo la supervisión de un adulto, para llegar a obtener las fibras con las cuales se fabricaban las telas. Tiempo para descansar o comer había poco, muchas veces comían allí, entre los filamentos sueltos, el ruido y el polvillo, sin salir al aire puro durante todo el día. Los descansos de la monotonía se alternaban barriendo las interminables pelusas que volaban por el aire y caían al suelo después de metérseles a todos por la boca y la nariz. Tenían que estar muy atentos, porque se podían herir los deditos si les faltaba la destreza o los metían en un lugar indebido de la máquina. Los que podían utilizaban ropas de fajina o delantales, porque para ciertos tipos de hilado, los aceites lubricantes salpicaban a la altura de las caderas.

Un día en la fábrica, Francisca vio a un chiquillo más pequeño que ella, que comenzó su día de trabajo descalzo frente a la máquina. Había dicho que ya tenía diez años, para que lo admitieran. Al terminar la jornada de diez horas, se fue contento caminando graciosamente, como un hombre, con unos grandes zapatos gastados que le había conseguido el capataz.

La jornada de trabajo era normalmente de diez horas, pero había sido más extensa algunos años antes, y daban el descanso dominical para todos igual, niños y adultos. Los trabajadores sindicados, tildados de anarquistas, estaban luchando por la reducción de la jornada a ocho horas y otros derechos considerados impensables por los propietarios de las fábricas. Los niños que trabajaban crecían deprisa, no tenían tiempo para los juegos ni para la educación, esos habían quedado atrás, en la primera infancia. Las responsabilidades adultas incidían sobre ellos como pesada carga ya desde la preadolescencia.

EL DESTINO DE JUAN D'ALMEIDA

Un incendio nocturno, impuestos ilógicos, ahogos económicos, los D'Almeida, como los Maria, también perdieron sus pinares por esos años. Un hijo de Pedro D'Almeida se había embarcado hacia los cafetales del Brasil unos meses atrás, llevándose como todo capital el producto de una mala venta, pero eso era mejor que nada. El otro hijo se enroló en la milicia, pero fue destinado a unos campamentos en África, y no habían vuelto a saber de él. Pedro y Rosa, con un ínfimo ahorro que les alcanzaba para adquirir una casa mínima de la periferia, se fueron a Ciudad Da Guarda con Juan, de doce años recién cumplidos. Pedro consiguió trabajo en la construcción de la última línea de ferrocarril, y Juan colaboraba en casa con su madre e iba a la escuela. Por lo menos Juan estaba feliz, ya que viviendo en la ciudad podía completar la escuela, que le gustaba mucho. Pero poco después pasó algo que dio un vuelco a su vida. Como la línea ferroviaria había sido terminada, muchos hombres habían quedado desocupados, entre los cuales su padre. Por tal motivo, Pedro comenzó a trabajar en un galpón donde se almacenaban mercancías para ser distribuidas a minoristas.

Una mañana como otras, Pedro está manipulando, junto a otro hombre, un pesado riel. Otros dos sostienen la manivela de una polea, que ayuda con la carga desde el punto medio de la pieza de metal. A uno de los que sostienen la manivela le flaquean las fuerzas, de modo que la suelta y causa la sobrecarga del otro, que va siendo arrastrado por el peso del riel hasta que no puede más, al tiempo que Pedro y el otro hombre alcanzan a alejarse para no ser aplastados por el riel. Pero la pesada pieza de metal, al caer, provoca el violento movimiento y rotación de una filosa lámina de cinc que alcanza a Pedro, le corta el abdomen por el lado izquierdo; cae hacia atrás y se golpea la cabeza contra una torre de maderas apiladas. Con Pedro casi inconsciente, sin saber qué hacer, los otros lo ponen sobre una mesa y buscan al médico, después de dar la alarma. Entre idas y venidas, cuando el médico finalmente lo examina, descubre que tiene un hierro clavado en un pulmón.

Dos días después de cumplir sus trece años, Juan, llegando de la escuela, descubre a una multitud en la puerta de su casa y sabe que ha pasado algo. Se abre paso entre las personas sin entender sus comentarios. Siente la mano de la señora Carmen en su cabeza, resbalando lentamente. Encuentra la puerta abierta, a su madre deshecha en lágrimas y a su padre sobre la cama, que unos minutos antes ha exhalado el último suspiro. Después del accidente lo habían llevado a casa porque ya no había más nada que hacer.

De modo que Juan, con sus trece años recién estrenados, habiendo ya experimentado uno de los dolores más tristes de la vida, comienza a buscar trabajo para ayudar a su madre, que también se las arregla como costurera y tejedora. Encuentra ubicación como operario en una fábrica de frazadas, donde no le pueden pagar mucho, porque es casi un niño, pero eso es mejor que no tener nada.

En la fábrica se trabajaba de sol a sol y se descansa los domingos. Las primeras veces le parece ver a su prima

Francisca entre la multitud de operarias de otro sector. Pero luego lo confirma. Amigos solidarios en la desgracia, habiendo quedado en situaciones similares de carencias elementales, a veces recorren juntos el camino de regreso y conversan de lo que les gustaría ser de mayores. Juan dice que cuando sea mayor se irá con su madre a trabajar al Brasil, porque su hermano está allí, esperándolos. Juan disfruta mucho de las caminatas con Francisca porque lo escucha y siempre tiene el comentario justo. Si bien es callada y serena, cuando tiene que hacer alguna observación es precisa. Francisca dice que jamás abandonará a su padre, que no se casará nunca para poder cuidarlo, que no permitirá jamás que su padre esté solo. Juan ve a Francisca como a su mejor amiga, la persona que más lo puede comprender en cualquier situación. Sin embargo, más adelante se van distanciando, a medida que ambos ganan nuevos amigos y se asoman a la edad emocionante de los enamoramientos platónicos furtivos, confesados solamente a los amigos incondicionales y a las almohadas, en esas noches de adolescentes en que los chicos comienzan a vivir en contradicción, cuando el mundo aparece de repente como una mezcla cruel de poderío absoluto del yo y abismo de la incomprensión.

La casa real de Portugal quería formar un nuevo imperio a partir de sus colonias, que ocupaban gran parte del centro-sur de África, pero había varios perros que litigaban por el disfrute de ese hueso, entre ellos Inglaterra. No solo la monarquía estaba ilusionada con los nuevos aires coloniales, sino también los comerciantes burgueses y, por todo lo que pudiera venir de bueno, el pueblo mismo. Como hemos dicho antes, en 1891, cuando Inglaterra no pudo imponer por otros medios sus pretendidos derechos, dio un ultimátum a Portugal, que aceptó sus condiciones y retiró sus tropas de un sector clave en el avance imperial. Parece que la monarquía prefirió perder eso antes que otros intereses más jugosos, sobre los cuales Inglaterra habría podido mover sus hilos. Los condicionamientos impuestos por Inglaterra y aceptados por los gobernantes estaban dando lugar a la idea popular de haber sido traicionados, fruto de la corrupción del rey y sus seguidores, quienes, según el sentir del pueblo, estaban en complot con los ingleses. Eso, Juan y Francisca lo habían vivido en su propia piel.

Debido a todos los entramados políticos, se temía una seria revuelta del pueblo. Como sabemos, a fines del siglo XIX ya se habían sublevado muchos grupos en revueltas populares, sofocadas a veces sangrientamente. Hasta la milicia estaba dividida: los oficiales defendían la rama monárquica, mientras que los suboficiales tomaron partido por el bando republicano.

Pasan algunos años durante los cuales sigue madurando en Juan la idea de irse a Brasil, esperando el momento justo, que tarda en llegar. En cambio, lo que llega es la convocatoria a cuarteles, para prestar el servicio militar. Los patrones de la fábrica, cuyo aprecio por Juan ha crecido con los años, le reservarán el puesto de trabajo durante el tiempo necesario. Al menos, en la milicia recibirá una paga que podrá enviarle todos los meses a su madre.

En 1907 el rey instaura una dictadura, justo cuando Juan D'Almeida se presenta al servicio militar en Lisboa. Algo mayor de veinticuatro años; tolerancia de edad por ser único hijo de madre viuda. De inmediato, el oficial de más alto rango, un general, se aficiona a él, por su buena educación, porte y hombría de bien. El joven D'Almeida no es como otros muchachotes comunes de la ciudad, es una persona muy digna, instruida, respetuosa, de fuerte presencia. Entonces, ya que debe tomar un asistente entre los nuevos, elige a Juan.

—Oiga, Juan, pase por la tienda "Dos Acevedo", lleve a mi casa los paquetes que le den y espere allí hasta que mi esposa decida con qué sombrero se queda. Luego, vaya a la sombrerería y devuelva el resto, que después yo pasaré a saldar las cuentas.

Es una de tantas veces en que el general le hace encargos a Juan, pero es la primera vez que lo envía a su propio hogar.

Después de caminar durante quince minutos tratando de no tropezar detrás de las cinco cajas de sombreros, Juan llega hasta el domicilio que el general le ha detallado en un papel. Queda impresionado por la fachada de la casa, cuya entrada se alza imponente detrás de una escalera de mármol principesca. Después de la reja infranqueable, que separa la propiedad de la calle y expresa claramente la pertenencia a una élite, dos leones de mármol miran por encima del horizonte, con la misma altanería con que los sirvientes atienden su llamado y la misma frivolidad con que la esposa del general se pasea por el salón haciendo y deshaciendo órdenes. Juan, cumplido su cometido, se queda de pie en el centro del enorme hall de acceso, a la espera de los paquetes para devolución. Cansado de esperar, camina un poco hacia los cuadros de rancios antepasados y va descubriéndolos uno a uno, para entretenerse dentro de ese lujoso mausoleo, hasta que llega a un cuadro diferente. Es una mujer joven, deslumbrante por su belleza, vestida de color verde claro, con largos cabellos ondulados de color habano y unos ojos turquesa de mirada cautivadora. Parece fuera de lugar entre los otros cuadros de personajes amargos y oscuros, que miran severamente. Juan se detiene maravillado dentro de los ojos de ese cuadro, y la joven que se acerca tiene que repetir sus palabras para despertarlo del encantamiento.

—Que si usted tiene tiempo que perder, porque mi madrastra no es muy veloz para tomar una decisión, cuando se trata de combinar un sombrero con un vestido.

Juan se compone, se para muy derecho y presenta sus respetos a la señorita que baja por la escalera, pero, cuando la ve, pierde de nuevo la compostura, porque parece que la mujer del cuadro ha escapado del mismo para jugarle una broma.

El descenso de Clara Isabel hacia el hall de acceso no es una casualidad. Había visto a Juan por la ventana del atelier cuando este llegaba con las cinco cajas de sombreros, mientras esperaba que le abrieran la puerta. Alto, de presencia imponente, de fuertes hombros y un rostro atractivo de ojos oscuros y mirada profunda. Había espiado desde el piso alto y había planeado la forma de irrumpir con naturalidad para que no se le notara la emoción.

—Esa es mi madre, todos dicen que me parezco a ella, aquel de allá es el hermano de mi padre y este tan serio es...

Mientras ella habla, Juan da por bien vividos cada uno de los momentos de su vida si han servido para guiarlo hasta esos ojos verdes en aquella tarde de verano.

—Perdón, yo soy Clara Isabel, la hija del general, y usted es...

—Juan... Juan D'Almeida, soy soldado, asistente personal de su padre, el general.

—Pues el general debe de tenerle mucho aprecio para enviarlo aquí... usted es una persona que inspira confianza, lo cual no es fácil de encontrar en estas épocas.

Juan agradece, más bien toma la parte consciente del mensaje recibido. En su mutua fascinación de flamantes enamorados, ninguno de los dos piensa que aquellas palabras, muy en el fondo, sin quererlo, significan que, de costumbre, las clases adineradas jamás permitirían integrar a su nivel a una persona proveniente del pueblo raso. Los potentados resolvían matrimonios de conveniencia, promovían la separación entre las "castas" pudientes y los que no tenían títulos ni patrimonios que les otorgaran alguna ventaja; el operario o el pobre era visto como una lacra social necesaria, causante de los infortunios de los ricos, aunque útil para incrementar sus riquezas desde las plantaciones y las factorías.

Desde aquel momento, no falta ocasión para que Juan y Clara Isabel conversen furtivamente, sin ser tenidos en cuenta por las personas de la casa. Así se va armando una relación afectiva construida con retazos de tardes soleadas hablando del pasado, trozos de mediodías lluviosos corriendo y descubriendo las facetas mutuas de la risa, minúsculos y eternos instantes del ocaso imaginando un futuro imposible.

En alguna que otra fiesta en la casa grande, las que Juan presencia como asistente del general, logra bailar un par de valses con Clara Isabel, lo cual no está mal visto, como un gesto de cortesía delante de todos, pero ese es el límite absoluto que se impone a los pretendientes, y él ni siquiera puede llamarse así, puesto que, siendo la persona que más la adora, es el que menos tiene para ofrecerle, más que su propia persona y una determinación casi adolescente de servirla por el resto de la eternidad. El amor es correspondido por la joven, mantenido en secreto, lejos de las miradas de todos.

—Hoy en el cuartel hablaré con su padre, para que me permita visitarla.

—No lo haga Juan, no tienen que saberlo, especialmente mi madrastra; no lo van a permitir.

Detrás de las pesadas cortinas del salón vecino, dos ojos escondidos en la sombra están observando atentamente la tensión afectiva evidente entre los jóvenes.

—Prométame que no lo hará. Prométame que me dará tiempo para preparar las cosas. Encontraremos la manera...

—Está bien, se lo prometo. Pero no podrá impedir que pase cada minuto del día pensando en usted.

Al día siguiente, la madrastra aparece en el cuartel por sus propios medios y con dos sirvientes para atenderla en el camino. Hay una conversación de cinco minutos a puerta cerrada entre el general y su esposa. Desde ese momento, Juan deja de ir a la casa como mensajero y queda relegado a tareas dentro del cuartel, en la oficina del general y en las inmediaciones del regimiento. Nadie dice una palabra, pero está muy claro que una barrera infranqueable ha sido establecida. La decisión presagia un nuevo golpe de tristeza que se abatirá sobre la vida de Juan.

Por aquellos días, su madre, que había caído enferma dos meses atrás y no había querido molestar al hijo con exigencias, supo que le quedaban pocos días de vida. En un último aliento, había pedido abrazar a su hijo. Las vecinas hacen llegar a Lisboa una carta dolorosa que despierta a Juan de su letargo romántico. Su madre se está muriendo de algún tipo de enfermedad maligna. No hay nada que hacer. Debe recorrer urgentemente el camino a casa si quiere verla antes de lo inevitable.

Con una muda en una bolsa, el permiso en la mano y el triste presentimiento de no poder verla viva, Juan hace el viaje de regreso recordando los ojos luminosos de Clara Isabel y las manos suaves de su madre cuando lo consolaban después de las pesadillas de pequeño, los oídos listos a escuchar sus inquietudes, la caricia fácil, los aromas de tortas recién horneadas, el olor de la ropa cuando ella la lavaba y planchaba con esmero. El servicio militar le había servido para volar del nido, aunque antes de esto, no había pensado cuán vulnerable se podía sentir un hombre al imaginarse huérfano de madre.

Se autocensura el llanto para no lastimarla. Alcanza a sostenerla entre sus brazos, a aliviar sus suspiros con besos, a acariciar ese rostro querido por última vez. Se queda todo el día recostado junto a ella, entra en un estado de sueño no muy profundo.

Su madre, mientras se aleja de este mundo, ve desde las alturas al hijo amado dormido, aún con las botas militares puestas, sosteniendo su cuerpo laxo sobre una cama envejecida. Ve a su lado la mesilla con el vaso y los calmantes, la vela de la lámpara aún encendida, la mesa ordenada que las vecinas han limpiado para ella, la hamaca con el tejido sin terminar, y ve por la ventana un ocaso rojo que invita a subir. Pero no puede irse sin darle un beso al hijo; quién sabe cuánto tiempo pasará para que vuelva a verlo. Está tranquila en el umbral de esa muerte mansa. Juan, que es toda su vida, se ha transformado en un hombre. Él mismo no es del todo consciente de que ya está listo para afrontar la vida solo. Ella, ya siendo solo un perfume, desde el aire, agradece a Dios que le ha permitido acompañarlo en su vida hasta ese momento. En una caricia de infinito amor e infinita paz, se acerca a Juan para besarle la cara, pero no puede controlar su propio cuerpo transformado, y así comprende que está hecha de incontables partículas invisibles de energía. Juan, entre dormido, siente el estremecimiento placentero de una sensación cálida, con millones de puntitos que traspasan parte de su cuerpo. El movimiento de Juan quiebra el instante; se despierta sosteniendo un cuerpo flácido, y Rosa se siente atraída por una fuerza más grande que también le adormece la conciencia y la arrastra cada vez más lejos, en una ola de infinita paz.

A Juan le brotan menos lágrimas de todas las que tiene dentro, que la impotencia le contiene. Tres días después, pone un ramo de claveles sobre la tumba de su madre y retorna al cuartel.

Clara Isabel había sostenido una fuerte discusión con su padre, en la que había quedado establecido, sin espacio para ninguna contemplación, que la familia no solo rechazaba la unión de su heredera con un don nadie, sino que ya había un matrimonio previsto con un capitán joven, perteneciente a una de las familias adineradas de Portugal. Clara Isabel conocía a su futuro marido de las fiestas y las reuniones de sociedad. Era bello, atractivo, sabía que, de no haber conocido a Juan, podría haberse creído enamorada de aquel otro y casarse ilusionada. Pero había conocido a Juan, de modo que debería renunciar al amor soñado, a condición de que dejaran en paz a Juan D'Almeida. En aquellas épocas de revueltas populares la vida de todos estaba en peligro, no se podía contradecir a un militar de rango y a su poderosa esposa sin correr el riesgo de aparecer fusilado en un callejón. Sin embargo, ya nunca más sería feliz de modo puro y elemental, como había imaginado.

El padre le concede diez minutos con Juan, que debían utilizar para despedirse para siempre. Pueden decirse todo lo que tienen guardado, pero más que nada, Juan puede, finalmente, contarle a alguien del dolor que siente por haber perdido a su madre, y vuelca en el pelo de Clara Isabel una parte de las lágrimas que empujan desde su alma. Cuando la puerta se abre y el general golpea el piso, impaciente, Clara Isabel le entrega a escondidas una fotografía suya y le hace prometer que nunca la olvidará, porque ella tampoco lo hará. En la fotografía se adivina con el vestido verde claro de su madre, adornada con encajes finísimos, joyas de esmeraldas y los bucles recogidos en lo alto. Habría preferido darle una fotografía sencilla, con un vestido simple, sin joyas ni adornos, así como había sido su amistad con Juan, pero no tenía. Después, con el corazón destrozado, se da la vuelta, retoma la compostura y sale por la puerta a cumplir su destino de heredera rica. Cuando llega a su casa, se corta un mechón de su cabello que está todavía húmedo de las lágrimas de Juan, para tenerlo siempre en secreto dentro de su relicario. Nunca más se verán. Juan conservará la foto por amor, pero, si alguna vez no fuera el amor el sustento del recuerdo, la conservará también como símbolo, para no olvidar nunca cómo es el mundo.

Durante los dos meses que le faltan para finalizar el período militar, continúa como asistente principal. No se habla una palabra de lo sucedido porque Juan ha comprendido y aceptado su lugar en la sociedad. El general, que se muere de pena en su interior porque aprecia al muchacho, ama a su hija y en realidad no le importa con quién se case, ha tenido que aceptar las imposiciones de esa elite, de la cual es un pilar fundamental su segunda esposa, producto del dinero, los títulos, dueña y señora de la capacidad de destruir el futuro de su hijastra si solo se atreviera a emparentar con quien ella no aprobara. El general se había casado con la madre de Clara Isabel por amor, con la otra solo por conveniencia, soledad, ambición y resignación. El amor que había sentido por su primera esposa y el fruto de esa relación son las dos únicas cosas que realmente lo han marcado en la vida; ahora le está arreglando la vida a su hija a costa de arruinarle la felicidad. Pero está convencido de que las dos cosas, en su caso, no pueden ir juntas, y ha elegido la seguridad de la familia. La tensa situación política de Portugal no da para arriesgarse, y él, como militar de clase que es, tiene que estar en el bando opuesto a los republicanos, detractores de la monarquía. La diferencia debe ser marcada, a riesgo de ser proscripto de aquella elite, con consecuencias desastrosas.

El 28 de enero de 1908 son arrestados varios hombres que se habían sublevado a la dictadura impuesta por el rey. Desde hace un tiempo viene tomando preponderancia un grupo dentro de los republicanos, llamado "los carboneros", que a veces actúa sin la aprobación del partido, en especial para ejecutar los hechos cuya solución no puede esperarse del oficialismo o a través de la justicia nacional.

Está comenzando febrero, hace varios días que los militares están notando en el ambiente una tensión diferente a aquella que se ha experimentado hasta el momento, situación que les ha comenzado a preocupar. Se pone en marcha una investigación por cuenta de la milicia, pero los grupos sospechosos trabajan con hermetismo y crean confusión. El rey piensa en la manera de desarrollar vínculos que afiancen la fe del pueblo en sus decisiones, sin embargo, el descreimiento transforma en inútiles sus esfuerzos. Los súbditos de la corona de Portugal están hartos del sistema. La rancia monarquía ha caído en el desprestigio, en el descrédito. Desde siempre, cada gobierno monárquico es peor que el anterior. Los grupos monárquicos insisten en mantener el liderazgo, pero en el aire hay olor a complot. Los monárquicos se han tranquilizado un poco porque han logrado contener a los republicanos y su malestar político a través de las detenciones de algunos cabecillas y ciertos acuerdos de escritorio que les darán tiempo para organizarse.

Una tarde del benigno invierno de 1908, precisamente el 1º de febrero, la reina Amelia, el rey Carlos I y sus hijos vuelven de uno de sus palacios de la región de Alentejo. Después de haber atravesado el río Tajo en un barco de vapor, dan un anunciado paseo en coche abierto por la más importante carretera de Lisboa y se acercan a la plaza del *Terreiro Do Paços*. Su escolta es escasa: sus asesores la han considerado poco necesaria, priorizando, más bien, el acercamiento hacia el pueblo, para atraer parte de las voluntades perdidas.

No lejos de allí, acalorado por la cabalgata y sin aliento, un capitán de milicias desmonta de su caballo y corre a la comandancia del cuartel, donde pregunta por el general; pero el general está ausente, en el palacio, esperando al rey, en la gala de las autoridades. Tarda algunos minutos en explicar al suboficial encargado lo que está sucediendo. Juan escucha desde la habitación vecina y comprende que su superior no quiere entender lo que le están diciendo, o entiende perfectamente y se hace el tonto. El encargado recibe el soplo de un atentado complejo contra la familia real, que se está gestando para ese mismo día, del cual no se saben los detalles. Ya no hay tiempo, hay que avisar al general, que está en palacio, con el resto de los invitados.

Con la más absoluta tranquilidad, el teniente Melo, sustituto del general, sin mucha prisa, da a Juan la orden de preparar dos caballos y más tarde encontrarlo en el patio del cuartel. Después lo despide, diciendo que dará la alarma inmediata a sus superiores, pero Juan ve, a través de los espacios entre las bisagras de la puerta, que se sienta cómodamente con las piernas sobre el escritorio, enciende un cigarro y da una bocanada placentera, viendo los dibujos del humo en el aire. Todos los de más alto rango están en el palacio, para hacer los honores al rey y su familia, que al final de su paseo dará una recepción.

Un hombre muy joven se abre camino entre la multitud que aplaude al rey a su paso. Lleva en los brazos un gran ramo de flores que ha recibido de otro hombre momentos antes y una sonrisa amplia en los labios. Toma a un niño que está entre la gente, lo sostiene en alto con un brazo, como para despertar la solidaridad del resto de los paseantes. La madre del chiquillo se lo había entregado; pero luego, siendo increpada por una mujer mayor, se vuelve como si se arrepintiera, y sale corriendo detrás para recuperar a su niño. Lo ve a lo lejos, sobre las cabezas de otras personas.

En el cuartel, una patrulla de soldados se prepara para salir a reforzar la guardia en las calles, pero descubre una barricada delante de la puerta principal. Los vigías que deberían estar allí han desaparecido.

La madre del niño da un grito de angustia que se confunde entre los vivas y los silbidos de la multitud, pero el hombre la oye y deja al niño en el suelo, puesto que ya le ha servido para acercarse lo suficiente. Otro hombre de mediana edad ha escondido un fusil debajo de su abrigo y ha logrado acercarse por el otro lado.

Juan y otros soldados se dirigen sin pausa hacia otro acceso, uno disimulado que solo conocen los del cuartel, uno que han mandado hacer ese mismo año, por la calle de atrás, para escapes estratégicos. Pueden atravesarlo, pero van a dar a un callejón completamente cerrado por carros con piedras y fardos de pasturas secas, a los cuales los revoltosos han comenzado a dar fuego. El cuartel ha sido aislado y el oficial a cargo da la orden de mantenerse quietos. Dice no tener datos fidedignos provenientes del otro lado como para exponer a sus soldados a un riesgo innecesario. Hasta no saber qué está pasando, se actuará con cautela. Hay mucha tensión y en el entorno se adivina una vigilancia secreta organizada. El oficial al mando dice que su experiencia le permite saber cuándo es el momento de detenerse, y ese momento ha llegado, al menos hasta lograr tener contacto con sus superiores.

El hombre joven se acerca por el lado de la reina, con su gran ramo de flores y su sonrisa. Ella no comprende por qué, en lugar de contenerlo, hay personas que le facilitan el paso. Confundida por este gesto, cree sentir al hombre que le dice: "Esto es para Usted Su Majestad". Un brillo en los ojos del joven le transmite a la reina un instante de horror y ve que en el interior del ramo brilla un arma. Pero es el otro hombre, el del fusil, que, con un movimiento ágil dispara dos tiros sobre el cuerpo del monarca, quien cae herido y muere casi al instante. Creen oír más disparos apagados por los gritos de la multitud que corre desenfrenada. La reina, golpeando a uno de los atacantes con un ramo de flores que en la confusión no sabe si es el suyo o el que le están ofreciendo, se pliega para proteger el cuerpo de su hijo menor; sin embargo, el chico es alcanzado por disparos en el brazo. Solo poco después se da cuenta de que también su hijo mayor, el príncipe heredero Luis Felipe, ha recibido heridas de fusil y está desangrándose, a las puertas de una muerte inminente. Hay una confusión porque en los primeros segundos nadie se da cuenta de lo que pasa. Los atacantes se esfuman entre el gentío. Luego, dos hombres, de los tantos que corren hacia las calles laterales, son abatidos por los guardaespaldas de la familia real, pero no están seguros de que esos sean los que han disparado. Cuando interrogan a algunas personas, todas dan descripciones diferentes.

Juan D'Almeida comprende que está pasando algo muy grave dentro del mismo Ejército. Días agitados son esos, no se sabe en quién confiar, y se voltean a mirarse las espaldas ante el mínimo ruido. Este evento le hace darse cuenta de las lealtades divididas de algunos de sus superiores. Mientras preparara los caballos del general para asistir a los funerales del Rey, decide hablar lo antes posible con su superior para alertarlo sobre el proceder desleal del teniente Melo, porque teme por la vida del padre de Clara Isabel. Cada vez que intenta esta conversación, surge un problema, una urgencia o no es el momento apropiado. Sin embargo, dos días después, ve cómo se llevan al teniente Melo, a punta de fusil. Mientras se investiga sobre los sucesos trágicos de Lisboa, la nación es un mar revuelto de traidores a ambas causas, que ya ni se sabe quién es quién.

El hecho fue atribuido a la *carbonería*, por cuenta propia, sin la aprobación del partido republicano. Dentro de la *carbonería* participaban en secreto algunos militares de rango menor, y durante aquellos días se habían notado movimientos sospechosos en el centro de Lisboa, pero nada claro. Las crónicas dicen que el día del atentado las tropas oficiales fueron bloqueadas en forma pacífica dentro de los cuarteles, con ayuda de los rebeldes y artimañas de los oficiales implicados. En las calles frenaron el paso a los militares, entonces el rey, desinformado de los eventos de las últimas horas, quedó a merced de los asesinos, tal como estaba planeado.

Días después, Juan finaliza su deber hacia la patria. El general, después de todo lo sucedido con Clara Isabel, no quiere pedirle que se quede. De corazón habría querido hacerlo y tener a su lado a ese muchacho valioso, pero habría sido de su parte un acto egoísta, y Juan merece el derecho a seguir su propio destino por otros caminos. Además, no está muy seguro de que Juan esté dispuesto a aceptar, y no se equivoca. Esa semana, el joven vuelve a ciudad Da Guarda a encontrarse con su mundo de antes.

Al rey asesinado le sucede su hijo menor, Manuel II, visto que el príncipe heredero también ha muerto en el atentado. Pero la monarquía ya no goza de prestigio ni del reconocimiento del pueblo. Dos años después se produce una revolución que da fin a la monarquía, se gesta entre el 3 y 4 de octubre de 1910, el 5 de octubre se concreta. Pero para estas fechas, Juan D'Almeida ya ha tomado otras decisiones que están cambiando su destino para siempre.

SEMILLA DE INSATISFACCIÓN

Las identidades nacionales de España y Portugal se desarrollaban hermanadas en el destino histórico de llegar tarde a la revolución industrial. A lo largo de los siglos habían sido parte de la misma esencia, con algunos matices, pero, poco a poco, se había ido definiendo el perfil nacional de cada una de ellas, hasta llegar a fines del XIX, que en España más bien se presentaba como una tragicomedia creada y dirigida por los poderes de turno. España y Portugal eran como un bosque de esbeltos árboles, en el cual las raíces se unían en lo profundo, por origen vecino, por historia, así como los ideales se tocaban a modo de ramas allá arriba. Sus masas compartían tanto el deseo ferviente de subsistir y emerger desde lo indigno como los padecimientos producto de los planes —a veces maquiavélicos y otras tantas solo derivados del egoísmo— de ciertas clases sociales, encaminados a ejercer un dominio que las mantuviese en la cima del poder.

En el campo español a través del tiempo, se venían imponiendo leyes, costumbres y usos generados en épocas históricas lejanas, cayendo sobre la organización social, política y económica con su arcaico peso de siglos. Tales antecedentes, en vez de evolucionar hacia modelos humanitarios, se habían acercado cada vez más hacia la división entre unos pocos notables que ejercían el control a voluntad y multitudes desafortunadas, ni siquiera propiamente sometidas sino más bien olvidadas, echadas a su suerte en el vacío de la pobreza y una impotente angustia.

Habiendo una fuerte demanda de lana por parte de los países del norte, los nobles habían transformado la estructura agrícola de los viejos tiempos en interminables pastizales especializados en la cría extensiva de ovejas, destinada a la exportación de lana, jugosa fuente de divisas. La nación favorecía la actividad, dado el carácter de los ingresos que generaba: fácilmente fiscalizables e imponibles para las arcas de la monarquía. Así, los antiguos terrenos agrícolas, reconfigurados como latifundios de pastoreo, habían terminado destruidos, devastados.

¿Y qué es lo que sucedía con los campesinos? Hacían falta cada vez menos. Solo se precisaba un pastor por aquí y otro por allí, pero nada más. Con el paso de los años se perfiló un gran nivel de desocupación, de casi los dos tercios de los cultivadores, quienes dejaron de tener recursos, perdieron sus funciones en el contexto social. Se les desbarató el mundo estructurado que tenían y que los mantenía en una situación de sustento humilde pero seguro. Se vieron obligados a comprar, pagando precios altísimos, los productos agrícolas que en otras épocas ellos mismos producían.

A lo largo de los siglos, para los campesinos, se fue configurando un destino nefasto de obreros agrícolas temporarios de la vid y el olivo, cuando no desocupados, gradualmente más indigentes, más humillados, más hambrientos, sin la más remota posibilidad de progreso, estancados, viviendo en un estado de desprecio y de rechazo incansable contra todo lo proveniente de esa sociedad que los olvidaba. De allí que tantos españoles buscaran el desahogo que les ofrecía la emigración a América. Aquellos que se iban yendo al nuevo continente, junto con los que emigraban por aventuras de toda índole, fueron poblando el nuevo territorio con hijos que luego darían forma a los movimientos de independencia de las colonias; ya sabemos que tales movimientos se produjeron, en su mayoría, durante el Siglo XIX. Muchos campesinos, en vez de emigrar, preferían trasladarse a las ciudades a buscar una paga en las fábricas. Terminaban en urbes llenas de potencial mano de obra, pero con una oferta que no absorbía a todos y un perfil desequilibrado, producto de la explosión demográfica de la época y de la resistencia a la modernización por parte de los pilares del poder. A mediados y a fin de siglo, debido al nivel escandaloso de pobreza, se ejercieron intentos por cambiar esa situación, buscando mejorar la equidad social. Por otra parte, ya existían ferrocarriles y otras mejoras tecnológicas que podían ayudar. Sin embargo, ciertas bondades que llegaron de la mano de la tardía revolución industrial, como la mecanización de la agricultura, acrecentaron el problema de los cultivadores, sin grandes posibilidades de permitirse estos avances. Así las cosas, se sentían profundamente frustrados.

En 1898 la crisis se hizo punzante, con la independencia de Cuba y Filipinas, las últimas colonias que le quedaban a España, lo que dejó las arcas nacionales carentes del flujo de riqueza colonial. En España se habían hecho débiles intentos de industrialización, aplicados, más que nada, a los elaborados textiles, solo en algunas ciudades precursoras; pero se habían quedado en la primera etapa del desarrollo industrial, que en los países del norte de Europa ya había dado abundante cabida a otros desarrollos tecnológicos de la mano de la siderurgia y la mecánica.

La misma España, en épocas en que poseía el control de los Países Bajos, parte de Alemania y del norte de Italia, orientó esas tres zonas hacia una industrialización necesaria, con la intención de proveerse de productos fabricados allí. ¿Por qué? La producción de artículos de consumo era vista como una actividad secundaria, como poca cosa de frente a la importante función guerrera de la península en sí. Entonces, el territorio peninsular, honorificado en un primer momento por este accionar, más adelante quedó condenado a la pobreza de base, que sería la consecuencia de tal decisión, sostenida a través de siglos, haciendo algunas excepciones con el País Vasco y las zonas de influencia catalana, sobre las cuales recaía la producción industrial peninsular, sufriendo el "desprestigio" y el "deshonor" de producir, en vez de tener la disponibilidad para comprar lo necesario sin ensuciarse las manos con el trabajo.

Salvando las diferencias, era algo así como cuando a las mujeres no se les permitía estudiar ni trabajar porque habría sido un deshonor tener que hacerlo. En cambio, aquellas que se acercaron al conocimiento y al trabajo, primero mal vistas, tuvieron la posibilidad de evolucionar hacia niveles más altos de autodeterminación, condición que en la mayor parte de los casos estimularía el desarrollo económico familiar.

Si se me permite la comparación, estos polos, como País Vasco, Cataluña, Valencia, representarían a las mujeres a las cuales les fue dado el acceso al conocimiento y al trabajo independiente, en cambio el resto de España, a aquellas a las cuales se mantuvo en casa por "honor". Así se fueron configurando estos lugares aislados dentro del país, productores de riqueza, que gradualmente se fueron sintiendo superiores al resto de España, en cuanto eran capaces de obtener notables resultados económicos, mientras, fuera de ellos, se mantenía una península ibérica limitada, salvo pocas excepciones, a la mera explotación agrícola y ganadera.

Como contrapartida en Europa, el industrialismo temprano de Inglaterra había hecho que su imperio desarrollara un crecimiento sostenido, impulsado por la política colonialista, siendo estrategas del mar, llegando siempre antes a posicionar a sus elementos de todo tipo en el mejor lugar disponible o a crearlo a los codazos. En ello, la educación del pueblo y el valor del conocimiento eran y habían sido siempre factores importantes, a tal punto que, durante el reinado de Isabel I de Inglaterra, algunos documentos atestiguan la conmutación de la pena de muerte a reos que poseían el arte de la lectura, a fin de que no se perdiera esa riqueza, mientras tanto, bajo el reinado de Felipe II en España, eran cerradas algunas humildes escuelas donde asistían hijos de agricultores, porque habrían mostrado a los niños otros horizontes, alejándolos del oficio familiar.

Para esos años, España ya estaba inmersa dentro de la corriente que ella misma venía desarrollando a través de los siglos, una bola de nieve muy difícil de frenar, diferencias sociales aplastantes, un poder segregado, carente de unidad, abundante en revueltas, que no se preocupó a mediados de siglo por alcanzar los estándares de desarrollo industrial de la Europa del norte y centro. Por lo tanto, dejó como herencia a la sociedad de fin de siglo un estado español compuesto por un cúmulo de voluntades individualistas y egocentristas ávidas de poderío, pero más que nada, una sociedad dividida entre partidarios del alto clero y la monarquía, contra aquellos que estaban en oposición, tildados de anárquicos, con o sin razón. El pueblo, cansado a través de los siglos de las alianzas entre los altos religiosos y los ricos, sintiéndose traicionado por su estilo de vida, más adelante viendo las "buenas relaciones" entre el bajo clero de los pueblos y las familias con mayor poder económico o menos deseo de rebelión, identificaba la riqueza y la pompa católica con lo monárquico, déspota, autoritario y lo no católico con la democracia. Brotaba así la semilla que más tarde abriría las puertas a la Guerra Civil. Paradójicamente, gran parte de este pueblo que se rebelaba seguía manteniendo sus sentimientos religiosos, aquellos sostenidos por las bases puras y originarias de la fe cristiana, además de un cierto rechazo al liberalismo que, aunque opuesto al conservadorismo secular, no era considerado como una válida escapatoria de la miseria, visto que también se olvidaba de integrar a todos, similitud con la monarquía liberal de Portugal. Recién en 1900, los anárquicos se plegaron a una organización sindical pacífica.

La historia cuenta que el oficialismo hizo madurar esta semilla de insatisfacción fuertemente germinada, a través de un parlamentarismo tildado de engañoso y una falsa apertura a partidos favorables a la legitimidad monárquica, con "turnos" o alternancia entre dos partidos dominantes, que se decían distintos pero que en esencia se comportaban igual, al permitir los votos solo a la oligarquía y caer bajo sospecha de manipular las elecciones. Se trataba, por un lado, de los conservadores, por el otro, de los liberales, o como se llamarían después, en mérito a la idea de hacer creer en nuevos aires: neoconservadores y liberal-radicales. Más adelante, con la concesión del sufragio universal masculino, el sistema del "tú me votas, yo te protejo, te concedo tal o cual privilegio..." era la forma en la cual las analfabetas, miserables y aisladas comunidades rurales alcanzaban un nivel de subsistencia, "amparados" bajo el paternalismo omnipotente del patrón. Pero ninguno de esos partidos políticos de turno practicaba un gobierno donde las castas desheredadas fuesen de verdad integradas como verdaderos componentes de la nación española.

Los Rodríguez, allí en Monsagro, más cerca del norte que del sur, a pesar de estar bien económicamente debido a su industria de carbón, no desconocían el pesimismo de la gente, la crisis general, el ánimo de descreimiento en cuanto a la política y al futuro de sí mismos y de la nación española, puesto que el contexto en el cual se vivía se encargaba de recordar a todos las vergüenzas del pueblo peninsular, en especial de aquellos que habitaban más al sur. Sin embargo, su situación material y geográfica, su ingenuidad y su aceptación tradicionalista aún los mantenía en un estado de gloria divina.

A esta altura, ya habrán comprendido que los Rodríguez de Monsagro tienen algo que ver conmigo y que en algún momento atravesaron el océano.

Pues sí. Y es que yo, como nieta argentina de inmigrantes españoles, necesitaba ubicar el entorno histórico de aquellos años para conocerlos a ellos, pero también para entender por qué tantos emigraron hacia América alrededor del 1900, como los Ocaña y los Elena, malagueños, cuyos hijos, llevados desde pequeños en los barcos al Nuevo Mundo, generaron la otra mitad de la sangre que corre por mis venas y a quienes traté de comprender como abuelos paternos. Este análisis me dice que lo hicieron por dignidad, por deber de subsistencia, y en esto propiciaron la continuación de su sangre, siendo, en su sencillez, perfectos modelos del pensamiento inconformista y desilusionado de la generación del '98, con sus inmensos cuestionamientos existenciales y sus decisiones radicales.

Sin embargo, hay algo más. Desde que yo tenía once o doce años, la edad de la aparición plena del pensamiento abstracto, me he preguntado por qué mis abuelos paternos, siendo españoles de Málaga, fueron culturalmente tan diferentes a mis abuelos maternos, de herencia salmantina. No obstante aceptar los simplismos primero y luego otros fundamentos elaborados en base a los datos que poseía en aquellas épocas, he continuado buscando con inquietud una explicación que me dejara verdaderamente saciada la curiosidad. Y en este camino he concluido en la simple razón de que no pudieron escapar de sus destinos, puesto que las culturas son legados inconscientes que se imprimen a fuego en las almas a través de los siglos.

Los salmantinos Rodríguez, cuando emigraron, si bien conocían el contexto social, político y económico nefasto, no habían sido aún tocados por la desgracia económica, fue una decisión producto más del deseo de aventura que de otra cosa. Entonces, conservaron "la nostalgia de la España de sus amores". Y en largas veladas contaban a sus nietos de la pintoresca vertiente, de las montañas verdes y de los valles perfumados, aconsejándoles que la amistad de los libros y los recuerdos de familia eran la forma a través de la cual los seres humanos comprendían sus raíces y podían desarrollar sus ansias. Mis abuelos maternos lo hacían por puro amor, no porque especularan que la memoria viva fuese el imán más poderoso para generar el sentimiento de pertenencia familiar. Ni siquiera poniendo la conciencia en ello les habría resultado tan bien.

En cambio, los malagueños, de índole cerrada, no quisieron evocar "el rechazo a la España de sus dolores", y en las tardes de cumpleaños, reuniones, visitas, se hablaba del presente y del futuro, de las tierras que se había comprado un tal Pedro *No sé cuánto*, de la cantidad de camiones que tenía Raúl *No sé quién*, de los logros en el negocio del día anterior, de la simpatía de Roberto *Fulano de tal* y del automóvil último modelo de Humberto *Menganito*. A su vez, sus padres nunca habían hablado con ellos de las angustias de generaciones pasadas, habiendo sido desarraigados cuando todavía eran muy pequeños para recordar. Quizás ellos, en su papel de españolitos criados en Argentina, habían adivinado alguna cosa detrás de los semblantes severos de sus padres. Seis años tenía mi abuela Ana cuando quedó sin madre —duele el alma de pensarlo— y su padre, como también mis otros bisabuelos paternos, a quienes conocí después de fallecidos solo por comentarios a cuentagotas, guardaban las historias de la España perdida muy en lo profundo. Si alguna vez las contaron a sus hijos ya grandes, estos las callaron. No se mencionaban –dolerían—, estaban proscriptas en una memoria más allá de la permitida.

¡Hoy veo a mis abuelos paternos de una forma tan diferente!, no es que haga mías algunas cosas, pero las comprendo, y eso me hace quererlos así como eran, aceptando las imperfecciones que heredaron a través de los silencios, desventuras y esperanzas de sus padres exiliados.

LA NIÑEZ DE BENITO EN MONSAGRO

L ejos en el tiempo, a miles de kilómetros de Monsagro, Benito recuerda anécdotas de su pueblo natal, a principios de siglo, como el día en que llevaron la primera carretilla con ruedas de puro hierro: al rodar por esas callecitas de piedras hacía un ruido de los mil demonios. Las personas creían que se venía el mundo encima y salían despavoridos de sus casas de piedras. Era el progreso que llegaba al pueblo. Benito ríe mucho al recordarlo. Tanto ríe que su hijita Victoria se lo imagina de niño, mejillas rosadas de sol...

Benito Benigno Pérez Zarzo, que durante su niñez cree llamarse Benito Benigno Rodríguez, hijo de Claudio y Benita, comienza a crecer en Monsagro entre la naturaleza pura que lo rodea, el lino que trabaja su madre y el carbón, objeto del negocio familiar.

Benita siembra lino en sus tierras de España. Tiene una rueca y un huso para fabricar hilos, que después se convierten en telas. Pero, para llegar a hacer telas hay casi medio año de trabajo, y es una tarea que insume mucho tiempo a las señoras de la época. El proceso es largo porque es artesanal: primero, la siembra al voleo; cuando ya está maduro, la cosecha, el lavado en manojos, el restregado, un nuevo mojado, el secado, el golpeado y por último el espadado. Esta última es la tarea que le impone la madre a Benito: la que a él no le gusta porque es aburrida, y el chico quiere jugar con sus amigos. Consiste en pasar el manojo de lino "diez mil veces" por una especie de peine de metal y golpearlo para que la fibra se vaya abriendo y se quite la pelusa. De este modo se logran hilos cada vez más delgados, que luego van al telar de Benita para fabricar las telas. Los hilos más finos para las telas más sutiles, como aquellas destinadas a camisas, pañuelos y ropita interior de bebés. Las fibras más gruesas para las telas más burdas; todo se aprovecha, por supuesto, previo paso por la rueca y el huso de Benita.

Benito va a la escuela; era todo un letrado ya antes de los diez años; es recto cuanto puede serlo un niño, de fuerte determinación, amante de los libros, el conocimiento, las historias. Es el mimado de su abuelo el sastre, quien le ha fabricado un trajecito de terciopelo azul idéntico a los que visten los verdaderos príncipes, para que lo tenga de herencia y recuerdo. Tiene un buen grupo de amigos, con los cuales se divierte haciendo excursiones a través de los bosques, trepando sobre los árboles, chapoteando en el río y contando cuentos de suspenso en las rocas, debajo del puente de piedras. Tiene todo lo que puede desear un chico. Es completamente feliz, amado, es como un dios para sus hermanitos Juan y María, y lo será también, en pocos meses, para el recién nacido Antoñito.

Entre el nacimiento de María y Antoñito, Claudio y Benita habían tenido otro niño, pero había muerto. Benita mostraba resignación. El día en que nació y le pusieron a ese hijo en los brazos, sintió el presentimiento de que era más bien un ángel de paso, que lo perdería. Una tristeza profunda, enraizada en las entrañas de madre a través de quién sabe cuáles dotes adivinatorias, surgidas de repente, mientras aún estaba sensibilizada por el esfuerzo del parto reciente, se transformó más tarde en la certeza de que ese hijo le había sido puesto en el vientre solo por obra y gracia del Espíritu Santo, independientemente de su no virginidad. Por supuesto, lo llamó Ángel y no comentó con nadie sus presentimientos. Donde Ángel estaba había un brillo especial en el ambiente, aunque fuera de noche. Cuando dormía parecía iluminado por la luna, aun en las noches más oscuras de tormentas. Estar junto a él daba la sensación de tener la compañía de un adulto y de que todo lo hablado era comprendido por el niño, que todavía no había cumplido el año. Benita se preguntaba si el Cielo se había olvidado de ir a buscarlo, porque se desarrollaba fuerte y sano, prometiendo un futuro de fortachón. Entonces bajó la guardia, se olvidó de sus presentimientos y se dedicó a amarlo y a disfrutarlo sin miedos ni tristezas, justo como para sentirse morir la mañana en que despertó, se dirigió hacia la cuna y lo sintió algo frío, inmóvil, blando, pero con una sonrisa en los labios, como si se hubiera ido saltando y jugando con otros angelitos. Benita se preguntaba qué había venido a hacer ese angelito a este mundo… ¿quizás prepararla para algo que llegaría después? ¿Aprender a soltar… dejar ir?

Benita es feliz a su manera, con los hijos, los quehaceres de la casa, su mundo generoso que premia el trabajo familiar con abundancia. Nunca olvida que su madre, antes de casarse, le había dicho contenta: "Hija, al menos leña no te va a faltar", haciendo alusión a los negocios de la familia de su futuro yerno.

Por esos años las palabras de su madre, salvo pocas excepciones, se adaptan perfectamente a su significado directo. Sin embargo, más adelante en la vida de Benita, van a cobrar un sentido figurado muy diferente, ya que "leña", en la jerga metafórica, son palizas, no solo cuando se habla de lo físico, sino también —y este es el caso— cuando se refiere al dolor del alma.

Claudio no aprende a ser prudente, es pródigo hasta la inconsciencia, amigo incondicional de sus compañeros de taberna, ingenuo para creer las historias de fantasía que le cuentan y poco cuerdo pero muy alegre cuando las copas se le pasan del límite. Una tarde desafía a un delgaducho que había ido al pueblo de visita, diciéndole: "Yo puedo hacer que tú levantes del suelo a dos hombres al mismo tiempo". Apuestan el honor, a uno y al otro, ya que dinero hay poco entre los conocidos de Claudio. Cuando el forastero acepta el desafío, Claudio hace que se tienda boca arriba sobre el piso de la taberna y que dos de sus amigos se sienten en cada uno de sus brazos para ser levantados. Hasta ahí el caballero ríe con aires de suficiencia. Cuando está todo preparado, Claudio le da un apretón tan fuerte en los testículos que el forastero da un grito, que se siente en todos los rincones de Monsagro, y a la par, tratando de soltarse para salvaguardar sus partes sensibles, levanta los brazos con una fuerza descomunal, al tiempo que toda la taberna rompe en carcajadas. Claudio, alegre de vinos como está, tiene que pedir perdón mientras al flaco lo sostienen entre siete, porque quiere matarlo en ese mismo momento, movido por la furia de la broma pesada; y lo habría hecho si Claudio no hubiera corrido lejos, con toda la fuerza de sus pies. Por el resto de su vida, el flaco no volverá más al pueblo de Monsagro, por rabia y por vergüenza.

No es extraño que, a pesar de sus disparates adultos de eterno adolescente, Claudio sea tan querido por sus amigos. Siempre está dispuesto a ayudar a todo el mundo y en sus manos posee un poder alquimista que hace productivo cualquier negocio que emprende, de modo que siempre está en condiciones de dar trabajo a quien se lo pida; eso ya es mucho en una España tan castigada como la del '900. Los Rodríguez, sin poseer tantísimas tierras, saben extraer buenos beneficios de aquellas que han heredado.

Un fatídico día en que Claudio había viajado a Ciudad Rodrigo a comprar provisiones, llega al pueblo, diciendo que es por negocios, un hombre de traje fino, reloj de cadena y sombrero elegante. Desciende del carro que había contratado en la ciudad, que no guía él mismo, y se instala en una mesa de la taberna, sin hacer nada, con una valijita en la que lleva un álbum de fotografías y algunos folletos. Paga un trago a todos los hombres que están allí, para ganarse su confianza, y comienza a hablar de las maravillas del Río de la Plata, mostrando su libro de fotografías. Más por imaginación de fábula y copas en exceso que por los dichos del hombre, los parroquianos, habituales clientes de la taberna, quedan convencidos de que del otro lado del mar hay un paraíso de riquezas inexplotadas y un grupo de gente esperando con los brazos abiertos a los inmigrantes, para que vayan a servirse de ellas. Así como el sucesivo traspaso boca-oreja-boca-oreja del repertorio popular transforma en media hora un rumor de gastritis en embarazo, para cuando Claudio vuelve de Ciudad Rodrigo, las casas del Nuevo Mundo son palacios, sus habitantes, amigables como niños ingenuos y la arena del suelo, oro en polvo, que lo puedes extraer metiendo la pala por aquí y por allá.

Esta idea del paraíso terrenal, madura poco a poco en los atardeceres de taberna, alimentada por cuentos de viajeros, votos de fe exagerada y la propaganda de los gobiernos rioplatenses, cuyas referencias llegan desde los principales centros ciudadanos.

Entonces un día Claudio, de buenas a primeras, larga la sentencia:

—¡Nos vamos a la Argentina!

—¡Pero Claudio! —Benita cae sentada en una silla de la cocina, con el hierro de hacer ponderaciones aún embadurnado de masa, chorreando sobre su delantal— ¡Si aquí estamos bien! ¡Mejor que bien!

—¡Una pala, Benita! ¡Una pala! ¡Solo con una pala! ¡Que cavaríamos por aquí, por allí y quién sabe las riquezas que encontraríamos! Eso sí, te vas a tener que resignar a comer carne de vaca, porque allí la gente no come gallinas ni conejos. ¡No! ¡Que comen vacas! ¡Y tienen tanta tierra que miras a la distancia y ves el infinito! Benita, ¿te imaginas la vida que podríamos hacer allí? ¡Es todo más fácil! ¿Acaso no tienes ganas de salir del pueblo y conocer el mundo? ¡Allí te esperan con los brazos abiertos, llegas y te dan tierras, casa, todo! En poco tiempo te organizas y comienzas a hacer dinero y a vivir como un rey...

—Pero aquí tenemos de todo, tierras, trabajo, familiares...allí no tenemos a nadie...

—¡Benita! ¡Nuestros amigos también vienen! Ignacio con su mujer y sus hijos, Manuel... y Pedro... y Agustín Salazar... Roque también... y el otro Manolo, el de la viña...

Cierto es que Claudio y Benita no tienen la necesidad de hacerse inmigrantes, pero los amigos del bar, que no tienen nada que perder, han entusiasmado a Claudio, tan bello como cabeza hueca. Le han puesto entre ceja y ceja la idea del "oro" de una fantástica tierra prometida, donde los habitantes bailan la danza del regalo en un mundo de cuento ideal. Él acepta la idea de buena gana y la mastica por un tiempo, comienza a soñar con su aventura fabulosa, hasta que el deseo de viajar casi le explota en el pecho. Así las cosas, se da inicio en el pueblo, con tremendo revuelo, a la preparación del éxodo.

— ¡Benita! Hoy he comprado los pasajes para todos.

—¿Cómo que has comprado? ¿Los has comprado tú? Pero ¿y el dinero? ¡Que vamos a necesitar el dinero para estar allí el primer tiempo! ¡O para comprar tierras! ¡Que tú no sabes lo que puede pasar! ¿Y si no es como nos lo han pintado?

—No te preocupes, mujer, es que, si no, tendremos que postergar el viaje hasta que junten un poco más de dinero; no tenían lo suficiente y les he dicho que les ayudaba yo. Me lo devolverán cuando lleguemos allí y puedan hacer su propia riqueza. ¡Que no ha de ser tan difícil! ¿No?

Benita ya no dice nada, decidida a acompañar a Claudio en las buenas y en las malas. El crédulo y pródigo Claudio ha comprado los pasajes para los suyos y siete familias más. En total, treinta y cinco. El pueblo está convulsionado. No se habla de otra cosa.

Una semana antes de embarcarse, a Benita se le ocurre hacer ponderaciones para aprovechar la gran cantidad de huevos que han puesto las gallinas. Mientras prepara la masa se ríe sola pensando que las gallinas argentinas no han de ser muy sabrosas para que la gente no las coma. Las ponderaciones son unas masas dulces a base de huevo: un hierro en forma de flor es calentado en el aceite muy caliente, luego se embadurna en la mezcla de huevos y harina, otra vez se lleva al aceite caliente, en el cual la masa se desprende y luego, ya fritas, se pasan por almíbar. Busca que te busca, el hierro no aparece. Al llegar Claudio, Benita le pregunta si lo ha cambiado de lugar, a lo cual él responde:

—Pero no, Benita, si lo he vendido. ¿Para qué lo quieres si nos vamos a América? Allí solo hay vacas, no hay gallinas, por lo tanto, huevos tampoco.

Llora por dentro Benita, recordando que esa herramienta es un recuerdo de sus padres, preguntándose a sí misma a qué tierra maldita la están por llevar, que no provee el sustento a unas avecitas tan útiles como imprescindibles.

De modo que, entrado ya el otoño de 1907, acomodan la ropa y algunos enseres en unos baúles y se van hacia Vigo, para embarcar en el vapor francés *Amiral Aube*, don Claudio Rodríguez Pérez, su mujer, Benita, sus cuatro hijos —Benito, Juan, María y Antonio— y su séquito interminable de casi treinta personas, hacia la aventura de la tierra del oro. El pueblo de Monsagro queda sumido en un silencio que no se siente desde hace más de treinta años. El tabernero, de repente, pierde a once de sus clientes mejores y casi quiebra, si no fuera porque la poca gente que queda en Monsagro, para contener la nostalgia y cerrar la herida, comienza a pasar por allí a comentar y beber una copita a la salud de los recién exiliados, en un tácitamente pactado ritual conmemorativo. Gracias a la buena estirpe de Benita y su hijo mayor, ellos son los más echados de menos. Todos sienten la ausencia repentina de la madre y el hijo; así, cuando piensan en nombres para los pocos niños que nacen en el pueblo, deciden llamarlos Benita si es mujer o Benito si es varón. Ese nombre de sonido tan dulce y significado benévolo se transforma en una tradición en Monsagro, que siempre tendrá a un Benito entre sus pobladores durante los años que dure el recuerdo de los Rodríguez Pérez.

Benito Benigno Rodríguez, de doce años, dice adiós a la niñez, a la escuela, a sus amigos del pueblo, a las tardes de juegos en los bosques, a un pasado que se hace cada vez más recóndito a medida que el barco se adentra en las bravas soledades del océano, época que tantas veces recordará y añorará en su nueva patria, casi con la sensación de que ha sido un sueño.

En el futuro, esa vida elemental, incontaminada, sublimada, más de una vez aparecerá en su mente como una duda, tan irreal y lejana que sentirá la necesidad de escudriñar en sus recuerdos para descubrir si todo realmente forma parte de su pasado... si es una trampa de la imaginación... o las dos cosas.

¿Y EL ORO?

La Argentina del 1900 llevaba recorrido un camino de muchos años de política migratoria abierta hacia los europeos. Ya el mandato constitucional de 1853 daba el derecho a toda persona de bien, ciudadano o no, a residir, trabajar y circular libremente por el territorio argentino. Sin embargo, los criollos de rancia estirpe continuaban siendo dueños de la tierra, señores de las riquezas. Se habían convertido en la clase dominante de la Argentina y eran, por una parte, terratenientes ganaderos y propietarios de estancias —o "fincas", como las llamaban en el oeste— con elevado prestigio social entre sus pares, por otra parte, enriquecidos comerciantes con alto poderío económico. Las tierras vírgenes conquistadas hasta el momento y los establecimientos productivos estaban en sus manos, a la espera de brazos fuertes dispuestos a trabajarlos. Brazos que escaseaban; y eso era sinónimo de potenciales riquezas que los propietarios no acumularían si seguían así. A su vez, de los estratos altos provenía la mayoría de los abogados y dirigentes. El modelo observado en Mendoza hasta 1880 planteaba una realidad donde el poder político y el económico se comportaban como un solo cuerpo, funcionaban en permanente relación, a través de sus actores políticos-empresarios. En todo el país estos resultaban influyentes, debido a su origen oligárquico, a su formación académica privilegiada y a las ventajosas posiciones políticas que ocupaban, adquiridas casi siempre con el objetivo de potenciar al máximo sus intereses.

La clase pudiente, que, ya hemos dicho, coincidía con la clase dirigente, bregaba por conservar en sus manos la supremacía. La clave para afianzar el dominio sobre los latifundios conquistados a los antiguos aborígenes era colonizar y poblar. La meta altruista de afianzar la soberanía, discurso dado al pueblo, que no dejaba de ser verdad, sustentaba el objetivo subyacente de multiplicar el beneficio económico. Todo encajaba a la perfección y permitía matar tres pájaros de un tiro: bolsillo, altruismo y fortalecimiento de imagen. Sin duda, se debía echar mano al recurso de liderar el crecimiento agrícola e industrial valiéndose de la ocupación de mano de obra inmigrante, actitud que creció de modo admirable, en especial a partir de 1880, fruto de las políticas de mayor apertura fraguadas durante la presidencia de Roca, con el mentado objeto de "poblar" el territorio. Antes de la apertura a la inmigración, la sociedad estaba compuesta por ricos y pobres, dominantes y dominados, poderosos y sometidos. Pero la verdadera clase media argentina se comenzó a formar como resultado de estas corrientes migratorias.

Muchos integrantes de las masas de italianos y españoles llegados antes de 1880 habían podido invertir sus ahorros y así obtener tierras. Llevaban en sus estirpes culturas de siglos, conocían el "cómo hacer"; de ese modo habían comenzado muchos de sus emprendimientos productivos en pequeña escala, para ir creciendo con el trabajo y los buenos negocios. También les había sido posible, a aquellos que así lo desearan, instalarse en las ciudades, comprando propiedades para establecer sus comercios, y hasta enviar a sus hijos a estudiar. Así es que muchos inmigrantes, hacia el 1900, ya tenían profesionales en la familia, o empleados bien posicionados. Formaban la estructura de una clase media en ascenso. Sus vidas prometían continuas mejoras dentro de una sociedad gobernada por las oligarquías de turno.

Con todo, la clase de altos recursos, fundada su escala de valores en posesiones, apellidos, antepasados notables e influencias, al mismo tiempo que idolatraba las novedades europeas en materia de artes, ciencias, modas y estilos, mantenía fuera de su círculo estrecho al europeo que se había hecho inmigrante por necesidad: integrarlo como socio o familiar constituía un cierto desprestigio social. Esta segregación se notó más con el ingreso masivo que se favoreció después de 1880, con la nueva ley de inmigración. Además, muchos ricos encontraron la oportunidad de servirse a bajo costo de una clase social trabajadora, que proporcionaba mano de obra, más barata mientras más abundante.

El inmigrante europeo en general portaba consigo una formación artesanal ancestral, muchos viajaban en los navíos con sus herramientas y elementos de trabajo. Habían tenido una educación teñida de localismos, a veces resentida por la desgracia del hambre. Tenían hábitos alimentarios diversos, por lo que, naturalmente, sus cuerpos, sus vestidos y sus casas emanaban olores diferentes de aquellos olores a los cuales el argentino del tardío '800 estaba habituado. Las condiciones de vida en sus patrias y en los barcos los debilitaban y algunos de ellos llegaban enfermos. Del cuerpo, pero también de nostalgia y desarraigo. No faltaba la xenofobia, que hablaba del inmigrante como "raza inferior". Lo notable es que traducía el sentir y el pensar de muchos, que se servían de ellos y los segregaban. Un común denominador los unía: todos se embarcaban detrás de un sueño: mejorar su futuro y el de su familia, trabajar y vivir en paz. Italianos, españoles, portugueses, franceses, alemanes, polacos, daneses, irlandeses, galeses, rusos, suecos, judíos, algunos orientales y de países limítrofes, encontraron en el suelo argentino una esperanza y apostaron a ella. Cuando llegaban, los que no conocían la lengua española se integraban a las colonias de sus connacionales para salir adelante.

Según los dictados de la ley de inmigración en vigencia, la Argentina, ya antes del '900, sostenía oficinas de propaganda en Europa, para captar inmigrantes. Estos programas daban a conocer todas las bondades que ofrecía el gentil suelo del cono sur, las remuneraciones que se podían obtener a cambio del trabajo, la promesa de una nueva y buena vida. Ayudaban también a gestionar los embarques de la gente en Europa y en algunos casos hasta pagaban los pasajes. Pero, en la segunda y tercera clase de los barcos, muy a menudo no se viajaba de la manera esperada: calor, frío, vapor, olores, ruidos, incomodidad, suciedad, promiscuidad, entre otras cosas, eran datos que surgían de testimonios de la época, no solo de parte de viajeros sino también de personal sanitario. Estos tenían la función de revisar los barcos, para corroborar que las personas que pagaban billetes de segunda y tercera clase viajasen en las condiciones adecuadas de aseo, alojamiento y alimentación, lo cual casi nunca sucedía. Ya desembarcados, la ley establecía que el inmigrante tenía derecho a ser hospedado y alimentado por cinco días y que podía optar por el transporte gratuito en ferrocarril a cualquier lugar del país donde se ofrecieran trabajos.

En 1873, Buenos Aires fue asolada por una epidemia de cólera. Siguieron momentos conflictivos, durante los cuales se ponía a los inmigrantes como chivo expiatorio de las desgracias, culpándolos de todos los males. A partir de allí, el estado comprendió que debía reforzar las medidas sanitarias, pero también dar forma a un sistema de contención de estos grupos que arribaban en los barcos con esperanzas, aunque muchas veces vulnerables a las enfermedades, lastimados de angustia, de nostalgia, de desamparo. Hasta el momento, aunque se había pensado en la necesidad, nunca se había acondicionado un lugar para recibirlos, y se comenzó a pensar en ello más seriamente, poniendo en plan de debate político nacional la necesidad de contar con estos servicios. La burocracia se hizo sentir durante trece años más, hasta que al fin se aprobó el proyecto y la construcción de un edificio destinado a satisfacer las necesidades inmediatas después del desembarco; luego, proveer los medios para que estas almas llegaran hasta los confines del país a poblarlo de forma organizada, en lugar de exponerlos a la tentación de quedarse en la ciudad, en hacinamiento, miseria y propiciando el caos social que se venía encima.

De modo que, a partir de 1890, se destinó un espacio cercano al desembarcadero, para contener a toda esta gente, mientras se continuaba el debate sobre el modo de llevar a la práctica el centro de inmigración ideal. El Asilo de Inmigrantes de 1890 era un galpón acondicionado, que por más de dos décadas sirvió de primera casa a los pasajeros de segunda y tercera clase que llegaban con el objeto de radicarse en el país. Parecía de forma octogonal, pero en realidad tenía dieciséis lados, por eso lo habían bautizado "La Rotonda". Tenía por fuera los muros vestidos con tablones que parecían provenir del casco de barcos viejos: la literatura había criticado sistemáticamente el asilo que funcionaba en "La Rotonda", diciendo que daba vergüenza y asimilándolo a una horrible pajarera. Quizás provocaba intimidación y duda, en lugar de aliento y tranquilidad. "¿Nos llevan a un albergue o a una cárcel...?" Ya dentro, se veía que se habían esforzado por hacer que luciese lindo, con capas de pintura que no alcanzaban a disimular su precariedad de galpón no nacido para otra cosa. Brindaba una imagen desalentadora, y esto era un descrédito político para el Gobierno, que pretendía promocionar el país en Europa. Sin embargo, recién en 1907 se comenzó la construcción del nuevo centro, que pasaría a llamarse Hotel de Inmigrantes. Ya no más "asilo", que el inmigrante no debía sentirse mendigo, sino derechohabiente a la recuperación de su dignidad humana.

Buenos Aires, por el 1900, estaba creciendo, se construían bellos palacetes al estilo neoclásico, algunos con reminiscencias neo barrocas y otros muy influenciados por el movimiento *Art Nouveau*, tendencia pronto abandonada, pero aún hoy testimonio de aquellos tiempos modernos. Así como se expandía la construcción y urbanización, crecían las artes plásticas, las letras, la música, al nivel de las grandes capitales del mundo y en permanente contacto con ellas. Ciudad de luces, espectáculos, fiestas, torneos deportivos, paseos y plazas encantadoras. Un mundo de entretenimientos que salvaban a la alta sociedad del letal aburrimiento. Otros eventos de oropel atraían al pueblo menos refinado, a las clases media y baja, en la medida en que se lo podían permitir. Era una ciudad deslumbrante, en expansión permanente. Era un pulpo, el polo magnético de la república, la boca de acceso y la cloaca, la entrada y salida de todos los males y de todas las maravillas. El inmigrante recién llegado que tenía la oportunidad de conocerla quedaba anonadado, le era difícil resignarse a perder su tajada de esa "torta deliciosa y prometedora" yéndose al interior. Estaba comunicada con el desprestigiado "interior", principalmente, a través del ferrocarril, puesto en marcha más de dos décadas atrás, pero también con el resto del mundo, a través de la floreciente industria naval de ambas costas atlánticas.

La gente que llegaba en tercera clase, salvo casos aislados como los Rodríguez Pérez —arribados en 1907—, escapaba del hambre de una Europa devastada por los coletazos de la revolución industrial. Poco después, en 1914, un tercio de la población, cuyo total casi alcanzaba los ocho millones, sería extranjera. Esta entrada masiva de inmigrantes comenzó a fisurar el equilibrio social sobre el fin del siglo XIX, más que nada en las apetecibles ciudades, y provocó decisiones políticas limitativas unos años después. Los salarios ya no brindaban el bienestar mínimo para la clase obrera. Las posibilidades de adquirir tierras a través del trabajo se habían reducido casi a la nada para un inmigrante. Frente a precios inalcanzables de las fincas y de las viviendas, se contentaban con alquilar una propiedad modesta donde poder vivir con su familia, muchas veces un par de habitaciones en una gran casa compartida con otros inquilinos: el típico "conventillo". Y en casos aún más ajustados, "la pieza", donde vivía la familia entera, hasta con varios hijos. En lugar de optar por el sacrificado poblamiento del campo, el inmigrante que era dejado a su libre albedrío casi siempre buscaba trabajo en los conglomerados urbanos y, según las circunstancias y el modo en que se desarrollara, ascendía poco a poco al status de "clase media" –alta o baja— o quedaba relegado a las clases sociales pobres.

A pesar de tantos males al acecho, era en la vida urbana donde se daban las posibilidades de ascenso social y el acceso a ciertos beneficios propios de las ciudades, tales como escuelas de instrucción general y de oficios, instituciones en general, comercios, sitios públicos, entretenimientos, contactos, influencias, servicios generales. Por lo tanto, los inmigrantes prefirieron las ciudades, entre ellas, las cercanías de Buenos Aires, Santa Fe, Córdoba, los polos más desarrollados. Se empezó a percibir la sensación que provocó años más tarde la conocida frase "Dios está en todas partes, pero atiende en Buenos Aires".

Así, las mejores intenciones de los planes de gobierno —poblar el campo— fracasaron, y las consecuencias sumieron al país en una crisis sociopolítica provocada por el malestar de las clases obreras, alentadas ideológicamente por muchos letrados de la clase media emergente, que traían ideas renovadoras, contra los aires aristocráticos que habían dominado hasta el momento.

Los gobernantes se vieron urgidos a hacer algo para manejar esta ola de inmigración incontrolable que les estaba causando demasiados problemas, y así fue que elaboraron ciertas reglamentaciones, motivo por el cual las familias de inmigrantes, al llegar, eran conducidas a "La Rotonda" para esperar la asignación de su primer destino, con la meta de cubrir pedidos de mano de obra de todo el territorio argentino y provocar un primer "arraigo regional", lejos de las ciudades pulpo, que en cierto modo los condicionara a permanecer allí. Se les advertía de los peligros y el descontrol al cual quedarían expuestos si se quedaban en las ciudades, y que el estado solo los ayudaría si se dirigían a las zonas en las cuales hacía falta gente. El estadista argentino ya no quería más inmigrantes en los centros urbanos, por eso, a partir del '23 se puso un freno a la inmigración, incorporando requisitos sumamente restrictivos, especialmente a aquellos que habían participado en la Gran Guerra del '14 al '18 y, desmoralizados, con un hambre terrible, con carencias elementales, querían entrar en el país provistos de heridas indelebles en el alma y recuerdos imborrables en el cuerpo, como una pierna o un brazo de menos. Se los frenaba sin titubeos antes del embarco en Europa.

Ya en 1907, año en que llegaron Claudio y Benita con sus hijos, la distribución migratoria de los que entraban para trabajar funcionaba con cierta restricción pasiva. Cuando Claudio se asomó a la realidad de las cosas, su "paraíso terrenal" de Monsagro ya estaba demasiado lejos y sus ahorros diezmados por la inconsciencia de pagar el pasaje a siete familias enteras.

DEMASIADA INOCENCIA

ruto de las epidemias que sufrían los inmigrantes a raíz de las deplorables condiciones sanitarias de los barcos, Benita, quien llevaba a Antoñito en sus brazos para darle de mamar cuando pedía, se enfermó gravemente de fiebres. En la confusión de la llegada, el retiro de los baúles en el puerto y los trámites burocráticos, pudo hablar muy poco con Claudio. Autoritariamente, la separaron de su familia para atenderla en un hospital. La fiebre la confundía y solo la dejaba pensar en apretar a su bebé de cuatro meses para evitar perderlo entre el tumulto. Obligada a moverse por las personas encargadas de la sanidad, perdió temporalmente el contacto con Claudio. Los médicos separaban a los que traían signos evidentes de enfermedad. A los demás los dejaban pasar para continuar sus trámites burocráticos y de vacunación antivariólica. Corría el 10 de noviembre de 1907.

A Claudio Rodríguez Pérez, junto a sus hijos Benito, Juan y María, no les preguntaron su opinión, solo los condujeron caminando, con otros recién llegados, desde el desembarcadero hasta el melancólico edificio vecino, grande, casi redondo. María lo veía como un barco gigantesco anclado en tierra. Allí era donde llevaban, por disposiciones de la ley, a los inmigrantes apenas arribados, hasta que se decidían sus destinos. Juan, el segundo, se aferraba con toda la fuerza de sus manecitas al pantalón de Benito, su hermano mayor, mientras Claudio empujaba el carro que le habían dado para llevar el equipaje y se preguntaba que habría sido de las siete familias que habían venido con él, porque los había perdido de vista. María, de la mano de Benito, lloraba porque no estaba su madre. Su pequeño pie pisó dentro de un charco de agua sucia y se mojó, así que Benito le quito el zapatito y el calcetín, se los dio a Juan para que los llevara y se la cargó sobre los hombros, haciéndole cosquillas para que no llorara. A medida que se acercaban al edificio de destino, los charcos debían ser saltados con mayor dificultad, hasta que una laguna maloliente obligó a toda la gente a ponerse casi en fila india para poder pasar sin mojarse los pies. Cuando llegaron se encontraron con tres de las familias conocidas, que habían llegado primero. Estaban en hilera, esperando que les asignaran un lugar en el albergue, bromeando entre ellos, felices. Claudio se puso en la fila con sus hijos. A través de los húmedos muros de madera, sintió el resonar de un trueno, alcanzó a percibir la oscuridad repentina que produjeron las nubes en el cielo y escuchó cómo las gotas de lluvia proporcionaban un murmullo de fondo, que luego se transformó en ruido ensordecedor sobre los techos de metal. Claudio pensó en Benita por primera vez con compasión, enferma de fiebre y encima teniendo que amamantar. La noche se avecinaba. Aquel lugar era lúgubre, pero al menos estaban al resguardo de la tormenta.

Cuando le tocó el turno, respondió a las preguntas que le hicieron, como por ejemplo cuántos eran, nombres de todos los familiares que venían con él, edades, de donde venían, qué traían, qué cosas sabían hacer —él dijo "agricultor"—, enfermedades que habían tenido, si habían ido a la escuela, si conocían alguna otra lengua, si conocían a otras personas de las que venían en el barco, si habían tenido alguna vez problemas con la ley. Debido a la ausencia momentánea de la madre, a la pequeña se le permitiría estar en los dormitorios con su padre y hermanos, bajo su responsabilidad. Fueron obligados a pasar por un sector donde los vacunaron contra la viruela, que era obligatorio aun para los que habían sido vacunados en Europa. María y Juan lloraron cuando les hicieron la crucecita en sus pequeños bracitos.

Claudio indagó sobre el modo de ponerse en contacto con Benita y le dijeron que hasta el día siguiente era imposible, que no se hiciera problema, puesto que todo quedaba registrado, y que él y los niños estarían allí al menos por cinco días. Le informaron que por la mañana se debía presentar en la fila de la ventanilla de al lado, que era la oficina de colocaciones. Así es que Claudio y sus tres hijos se dirigieron al comedor, luego a los sanitarios, después al dormitorio colectivo y finalmente durmieron en camas, por primera vez después de tantos días de balanceos en el mar. Al día siguiente los celadores los despertaron temprano y los guiaron nuevamente al comedor, donde sirvieron un desayuno de té con leche y pan recién horneado. Inmediatamente después del desayuno, Claudio condujo a los niños al sector donde habían sido recibidos la tarde anterior. Había ya largas colas en los mostradores.

Le toca a él, los empleados buscan su nombre en una lista, y así encuentran una hoja con todos los datos que él había dado la noche previa. Lo hacen esperar; parece que confrontan unos telegramas con esas planillas, hasta que finalmente otro hombre lo hace pasar a un escritorio, le da la mano y lo hace sentar. Los niños, de pie alrededor, están quietos escuchando.

—Mire señor... Claudio Rodríguez: para usted ya tenemos asignación de trabajo. Es en Mendoza, en el ramo de la agricultura. Su familia ha sido pedida por un tal doctor Catapano, para su finca de ... Junín, Mendoza.

—¿Pedida? ¡Qué bien!... Entonces ya sabían que veníamos y nos estaban esperando...

Claudio se pone muy contento, dispuesto a aceptar la propuesta, ansioso de comenzar a obtener las pingües ganancias de las que le habían hablado sus amigos de la taberna.

—Firme aquí... en una hora vuelve a retirar los pasajes... y parte en el tren a las dos de la tarde, aquí mismo, en la estación del puerto...

Claudio comienza a titubear, queriendo decir algo, pero el empleado lo interrumpe:

—Es un viaje de un día y medio, incluidas las detenciones del tren... mil kilómetros más o menos, pero no se preocupe porque... ¿qué le pasa don Claudio?

—¡Es que no puedo, no me puedo ir, tengo a mi mujer en el hospital! ¡Yo esperaba que vosotros me dijerais donde estaba, para ir a verla!

El empleado frunce el ceño, escribe el nombre de Benita en un papel y se encamina a la oficina de atrás, dejando a Claudio y sus hijos a la espera. A los tres minutos reaparece un instante para decirles que están localizando a la señora, que tengan un poco de paciencia. Les indica que salgan; los volverá a llamar apenas llegado el dato solicitado. Ven cómo atiende a otras personas y entrega documentos que ellos imaginan que serán pasajes de tren gratuitos. A los veinte minutos, Claudio es llamado nuevamente y escucha con atención lo que el agente le dice.

—Mire, don Claudio, he recibido el parte de desembarco… Su esposa… Benita, ha sido llevada al hospital con fiebre y tiene para más de diez días allí.

—Entonces, yo no me puedo ir… sino después vamos a desencontrarnos…

—Espere, déjeme terminar porque lo que tengo que decirle es muy importante. Acá a ustedes los podemos alojar estos primeros cinco días, ya después sería casi imposible, porque hay que liberar las camas para la gente que va llegando nueva. Así que usted va a tener que irse a buscar alquiler, a buscar trabajo. Y acá, en Buenos Aires es más difícil y caro ubicarse… y con tantos niños… Lo que quiero decir, es que después de los primeros cinco días se las va a tener que arreglar solo… ¿Me comprende don Claudio?… Y mire que si rechaza esta oferta… tendremos que mandar a otra familia… a lo mejor, después va a costar mucho que le ofrezcamos otra…

Claudio no sabe qué responder. Sin Benita se siente como otro niño más…

—Pero tenemos la solución, quédese tranquilo… —el agente de inmigraciones interrumpe sus cavilaciones sombrías— nosotros, lo que le proponemos es lo siguiente: por su mujer no se preocupe, que cuando salga del hospital la mandan directamente para acá, seguramente le va a tocar hablar conmigo, porque soy la persona encargada de los destinos laborales. Y de acá la mandamos gratuitamente por ferrocarril a donde esté usted y le avisamos a través de las autoridades de allá.

—¿Es eso algo seguro…?

—Por supuesto. Esto queda todo registrado en papeles, así que no se tiene que preocupar en lo más mínimo. Entonces, usted acepta esta colocación, se va, mata dos pájaros de un tiro, ya que consigue casa y trabajo al mismo tiempo, sus hijos pueden estar con usted mientras trabaja... y Mendoza es bonita...

—¿Sí...?

—Sí, es muy lindo allá, muy soleado. Lo que más se ve son viñedos, buen vino, el mejor vino del país, ¿sabe?

—Pero mi esposa tiene que saber que yo me he ido, que es por eso que no puedo ir a verla al hospital...

—No se preocupe mi amigo, se les comunicará hoy a las autoridades del hospital; estando ella en condiciones de recibir la noticia, se la darán sin demora. Pero si quiere, también le puede dejar una carta usted mismo para que se la entreguen personalmente

Claudio mira a su hijo Benito, quien comprende enseguida y pide papel y tinta, porque su padre no sabe leer ni escribir.

—Ahora me firma acá... y, si quiere, espéreme quince minutos que le entrego la orden para el ferrocarril, no se vaya...

A las cuatro horas, Claudio y los niños, instalados en el tren, que es un hervidero de inmigrantes entusiasmados, comienzan a sentir el vaivén rítmico del vagón. Suavemente, la algarabía se va transformando en murmullo. Les han dado los puestos y los papeles para llegar a la provincia de Mendoza, a mil kilómetros de allí, con la consigna de no bajarse hasta una estación rural de nombre Rivadavia, la cual todavía no se llama "Ingeniero Giagnoni", como la denominarán en 1908, al año siguiente de la llegada de los Rodríguez, para honorar a un ingeniero italiano que había trabajado en la construcción de los ferrocarriles argentinos. En el tren tendrán derecho a algunos alimentos. Al llegar deberán dar su nombre en la oficina del ferrocarril y esperar a que vayan a buscarlos.

Cuando a Benita, luego del desembarco, la derivaron al pabellón de mujeres del hospital, el bebé le fue retirado, aduciendo la precaución ante un posible contagio. Benita, afiebrada y confusa, pidió que se lo entregaran a Claudio. La enfermera que lo tomó en sus brazos la confortó con una sonrisa y le respondió afirmativamente. Al menos eso fue lo que su mente alcanzó a suponer en los espacios de lucidez que la fiebre le permitía, mientras rogaba a Dios que su marido no dejara a Antoñito olvidado encima de un baúl.

Ya sin el peso de la criatura, se quedó dormida, pero las fiebres la hicieron delirar durante dos días con sus noches. Cuando despertó, por la mañana del tercer día, una enfermera le explicó que su marido había conseguido ubicación para la familia y estaba con sus hijos en Mendoza, que la esperaban allí. No sabía dónde estaba Mendoza ni cómo era, pero la noticia le dio ilusión y ganas de curarse, aunque estuvo grave seis o siete días más. La carta de su hijo nunca le llegó al hospital. Un poco más aliviada durante la convalecencia, en una sala común con quince mujeres, pensaba en qué habría sido de Claudio y sus hijos, solos en esa tierra extraña y tan lejos. Pensaba en sus padres, fallecidos unos años antes, y la extraña intuición de su madre, que tenía un modo tan particular de ver el lado positivo de las tristezas. Por la ventana de la sala de hospital se veía un pedazo celeste grisáceo de otro cielo, no el de ella, sino un cielo prestado. Hastiada de verlo día tras día desde la cama, deseó poder salir de allí cuanto antes o morirse en ese mismo momento, justo cuando entró el médico para darle el alta. Dieciocho días después de bajar del barco, Benita tomó el tren para reencontrarse con su familia, a mil kilómetros de allí.

El tren se movía rítmicamente a través de la llanura pampeana, en una línea recta interminable, dejando a su paso gigantescos cuadros de alfombras verdes inimaginables. Si le hubiesen contado sobre aquellas planicies tan extensas, su mente no habría podido dibujarlas, porque no eran parecidas a la geografía que ella conocía. Si bien había visto grandes llanuras en su tierra, los confines se adivinaban con el perfil de los montes y las ciudades antiguas de España enclavadas estratégicamente sobre las colinas. Pero eso era otra cosa, imponente por su eternidad. Nunca había visto tantas vacas juntas disfrutando del verde generoso de los pastizales. Muy cada tanto y a lo lejos, algún establecimiento campesino de marcada horizontalidad parecía romper la canción monótona del plano verde infinito, y se acompañaba con arboledas perfiladas como castillos medievales, lastimando el cielo claro con sus oscuros follajes, solo que en su tierra esos "castillos" habrían estado en lo alto de montañas y allí se encontraban al nivel de las praderas, ya que no había montañas a la vista. A medida que el tren quebraba la paz de las pasturas en descanso, los pájaros se levantaban de a uno o en bandadas y permitían adivinar la vida húmeda que se fraguaba escondida a ras del suelo.

Benita pensaba en la carta de su hijo, con la cual se había encontrado cuando llegó al Asilo de Inmigrantes, al salir del hospital. Había algo en esa carta que le preocupaba, no sabía qué cosa era, pero sentía un presagio de dolor, algo que no estaba en su lugar. Podía ser efecto de la impresión que le había causado ese sitio horrible y lleno de gente. Sentía tantos deseos de tomar a su familia y correr, escapar, subir a un barco mágico y despertar en su cama de Monsagro en primavera, tan bello, tan calmo, tan suyo.

Benita dormitaba mecida por el movimiento del tren. Se despertaba solamente cuando la máquina se detenía en alguna estación. Oscureció. La noche la transportó con su magia onírica a un lugar que nunca había visto. Era una casa de ladrillos bien luminosa, con todas las ventanas y puertas abiertas, llena de risas de niños. Ella buscaba el lugar de donde provenían las risas y no lo podía encontrar. Recorría los pasillos, se asomaba por todas las habitaciones. Las risas estaban cada vez más cerca. Hasta que el difícil caminar del sueño la llevó hacia una cocina amplia que tenía un mesón grande de madera donde estaba sentado Claudio con sus tres hijos mayores. Cerca del fuego, sus padres, fallecidos, revolvían una gran olla de chocolate caliente. Hasta percibía el aroma. Su hijo Ángel, que había muerto dos años atrás, estaba trepado sobre los hombros de Claudio, revolviéndole los cabellos. Despedía la luminosidad que tenía siempre y que había seguido emanando de su cuerpecito en todos los sueños de Benita. Claudio jugaba a las cartas, riendo, con los chicos, mientras comían dulces y hablaban con los abuelos. Benita se dio cuenta de que Antoñito no estaba con ellos. Se sentía un llanto de bebé que provenía de otra habitación, a lo cual Benita respondió corriendo a buscarlo, pero las piernas no andaban bien, eran lentas; las luces se iban retirando, en un instante se había hecho de noche, y su familia continuaba jugando y riendo en la cocina, sin oír el llanto. ¿Cómo era posible? Pero Antoñito lloraba porque tenía hambre y ella no lo podía encontrar en las tinieblas de una casa sin luz...

—Señora, disculpe que la moleste, ¿me podría mostrar su boleto, por favor? —la mano que la tocaba en el hombro la despertó, confundida. Trató de disociarse en dos personas diferentes: una, para responder automáticamente, con el movimiento, al requerimiento del guarda y buscar su boleto entre las cosas que llevaba, la otra, para seguir vinculada al sueño, que la había puesto en un estado de inquietud. Se esforzaba por pensar en el sueño, y lo estaba logrando, debía volver allí y encontrar a su hijito, pero tuvo que ocupar la mente un segundo para pensar dónde había puesto el boleto para que no se le perdiera. Ese instante de tiempo consciente cortó definitivamente el lazo invisible que la separaba de los laberintos escondidos de su mente, y ya no pudo recordar lo que estaba soñando, solo le quedó una vaga inquietud, una preocupación de la cual no podía encontrar el motivo.

Al mirar por la ventanilla descubrió que el paisaje había cambiado mucho. Estaba amaneciendo, el sol naciente con sus rojos lejanos pintaba de colores divertidos la cara de la mujer que tenía enfrente, quien la saludó con una venia pequeña y le ofreció una galleta de una cesta de mimbre que llevaba en su regazo. Benita aceptó la galleta. Era tierna, deliciosa, de modo que se puso a conversar con la señora. Así aprendió que en Argentina llamaban manteca a la mantequilla y que tenían la costumbre de hacer unas masas de harina, levadura y agua, con un agujero en el centro, fritas en grasa de cerdo o aceite, que luego espolvoreaban con azúcar o sal, según el gusto del momento; se les decía "sopaipillas" o "tortas fritas". ¡Qué diferente hablaba la señora! No con el dejo sentencioso, casi autoritario, que había sentido en Buenos Aires. Tenía un tonito, un canto dulce al final de cada oración que pronunciaba, como pidiendo permiso para romper el silencio con su voz. Miró alrededor los rostros coloreados por las luces del nuevo día. Varios eran diferentes a aquellos de la noche anterior. Dos o tres la saludaron con inclinaciones suaves de la cabeza, como si se hubiesen despertado mucho más temprano y la hubiesen estado contemplando durante mucho tiempo. Intimidada, se dedicó unos instantes a observar con disimulo. Algunas personas tenían en sus manos una especie de calabacita hueca, llena con algún tipo de hierba seca, en la cual volcaban azúcar molida y agua caliente, luego aspiraban a través de un canutillo metálico el jugo de la infusión. La curiosidad pudo más que la timidez. Preguntó de qué se trataba, entonces, la joven que lo estaba tomando le ofreció su calabacita recién llena de agua, para que probara. Le recomendó hacerlo suavemente para no quemarse y que le dijera si el "mate" estaba bien de azúcar. Se tranquilizó cuando, antes de darle el objeto, limpió la punta de la bombilla con una servilleta humedecida. Estuvo bien. Era una infusión deliciosa y nueva; al pasar a través de su garganta le proporcionó una sensación de bienestar, permitiéndole pensar que, después de todo, aquella tierra tenía algunas cosas para disfrutar. Sutilmente, sacó el tema de las plantas y los animales que la gente cuidaba en sus casas, para que la señora hablara ella sola de las gallinas y los huevos. Pues sí, había gallinas. Además, las vio por la ventanilla del tren. ¡Qué alivio sintió!

El tren ya marchaba por unos campos secos, de vegetación natural desértica. Montones de chopos amarillos y sauces aún verdes daban un colorido repentino a los paisajes. El cielo era más celeste, el aire más brillante. Esa gente llamaba álamos a los chopos, en cambio, los frutales, tenían los mismos nombres que en España, todos, menos el melocotón, que llamaban durazno. Había unos árboles que nunca había visto. Parecían sauces, pero eran poco tupidos, no daban sombra espesa. Le contaron que se les decía "pimientos" porque en otra época del año les brotaban pequeñas bolitas rojas como pimientitos, pero que no se confiara, porque eran pimientos falsos. Un señor de la fila de atrás dijo que el nombre de estos árboles era "aguaribay" y que los plantaban porque eran capaces de resistir la sequía durante meses, debido a la superficie tan escasa de sus hojas. Cada tanto aparecía una extensión cultivada con hileras de viñedos, donde algunas personas realizaban tareas a ras del suelo, removiendo la tierra, aunque otras parecían dedicarse a atar los nuevos brotes. Había un olor frutal en el aire, fuerte, por un instante la transportó a Monsagro cuando ella misma preparaba mermelada. Parecía que ese olor impregnaba todo el campo.

Media hora después, el guarda pasó a avisarle que se preparara porque estaban muy cerca de la estación donde tenía que bajar. El resto del tiempo la consumió solo la ansiedad de volver a encontrarse con su familia. Pensó en cada uno de ellos y cuánto los extrañaba. Se agarraba la cabeza imaginándose las peripecias que habría sufrido Claudio para ocuparse de los cuatro chicos sin ella. Suponía que su hijo mayor, Benito, habría sido de gran ayuda.

Claudio estaba en la estación con sus hijos esperando a Benita desde hacía una hora. Veinte días que no se terminaban jamás. ¡Por fin la familia iba a reunirse de nuevo! Cuando Claudio había llegado con los niños, había ido a recibirlos un emisario del patrón, que los instaló en una casita en el campo, a pocos kilómetros de allí. Las autoridades de inmigración se habían contactado con Claudio para avisarle la hora de llegada del tren. Además de Claudio y sus hijos había otras personas esperando a sus familiares o listos para partir con destino al poblado cabecero de San Martín o, más lejos, a la ciudad de Mendoza.

El tren silba en la lejanía, anunciando su llegada. La euforia de todos en la estación es contagiosa. Hay movimiento de personas y bultos, señoras con bebés, chiquillos corriendo alrededor de sus madres. Hay gente que, simplemente, va a la estación para ver pasar el tren y tener tema de conversación durante un par de días. El tren llegando y el ruido del frenado provocan el respeto de las madres, que toman a sus hijos de la mano para evitar riesgos de accidentes. Benita ve por la ventanilla a Claudio y el corazón le palpita de emoción. Recuerda sus pechos dolientes hasta hace pocos días, la leche se le había retirado luego de una semana de fiebres. Siente deseos de apretar a Antoñito contra su pecho y respirar su olor. Claudio tiene en brazos a María, su pequeña hija, más rubiecita y colorada, parece que aquellos soles le han hecho bien. Benito y Juan están parados a ambos lados. Los niños han crecido y están más delgados. A Antoñito no lo ve. Busca a su bebé entre la multitud, pero no lo ve. Piensa que su marido lo ha dejado al cuidado de alguien, porque es todavía pequeño. El tren se detiene y los pasajeros van bajando uno a uno, hasta que le toca el turno a Benita, con sus pocas cosas y su carga de emoción gigantesca. Los niños corren a prendérsele de las faldas, la llenan de besos, María ríe y la aprieta con sus manecitas pequeñas, Benito toma a su hermanito Juan de la mano para permitir a su padre que se acerque. Claudio, con un nudo en la garganta, abraza a Benita muy fuertemente, pero con los ojos busca algo más allá, entre las cosas de Benita, o quizás todavía dentro del tren... su hijito más pequeño. En el mismo momento, Benita quiere saber cómo está su bebito:

—¿Por qué no lo habéis traído a recibirme...?

—¡Pero si quedó contigo, mujer...!

Pregunta y respuesta son a la vez empuñadura y hoja de una espada afilada, que atraviesa de un solo golpe certero el corazón de los dos.

Dos segundos de silencio, de vacío; la nada. Al segundo siguiente la conciencia de una pérdida inmensa, la desesperación. Benito nunca en su vida va a poder olvidar los gritos de dolor de su madre en el momento en que comprende que se ha quedado sin su bebé, probablemente víctima de un ardid para robárselo. Benito queda marcado por estos lamentos. Son gritos de animal herido de muerte, parecen partir de las entrañas mismas de la tierra, atravesar el cuerpo de Benita y salir por sus ojos y sus manos, como energía liberada, para clavarse en el propio origen de la maldad. Después, como Benita es la persona más buena del mundo, rompe en un mar de lágrimas incontenibles, pide perdón a Dios por haber sentido el deseo de matar y cae de rodillas, en un balanceo que la desvincula del mundo, desfigurada por el llanto que no para. Mientras el tren se aleja con su rítmico vaivén sobre los rieles eternos y en el andén la multitud se dispersa, Claudio, de rodillas, llorando también, sostiene y mira el rostro querido de Benita sin decir una palabra, sufriendo, sintiéndose inútil, sin poder consolarse ni consolarla. Juan y María, los más chicos, están de pie, abrazados, asustados, comprendiendo la mitad de las cosas. Benito, que tiene doce años y ya entiende lo que está pasando, se da cuenta de que le sangran los labios de mordérselos y de que las uñas se le han incrustado en las manos, de apretar los puños para soportar la vista de su madre en ese estado de agonía.

A GOLPES

En 1907, un viaje por tierra de mil kilómetros, para un campesino apenas llegado a un mundo extraño, producía un distanciamiento, una desvinculación, equivalente a la que hoy en día sentiríamos si recorriésemos diez mil kilómetros en avión: el otro lado del mundo. Hicieron la denuncia para que buscaran al bebé robado en Buenos Aires. Queriendo acelerar el proceso, se comunicaron por telegrama urgente con el hospital donde Benita había estado. La respuesta, en tres días, fue que no había ningún registro del ingreso ni de la salida de un bebé en esas circunstancias, pero que, dado el caso, les sugerían comunicarse con la Casa Cuna, por si hubiera sido depositado allí, a la espera de ser reclamado. Benita ni siquiera recordaba los ojos, el cabello, menos el nombre, de la enfermera que se lo había sacado de los brazos, solo su sonrisa reconfortante de dientes inmensos. Es que no la había vuelto a ver en días posteriores.

Enviaron un telegrama a la Casa Cuna, que no pudo darles datos del niño. Además, en esa fecha solo había entrado un bebé de pecho, pero era una niña morenita que había sido dada en adopción. Benita recordó la carta de su hijo y su propio presagio de dolor, y comprendió. Cuando en el Asilo de Inmigrantes finalmente se había reunido con la carta, debido a alguna suerte de intuición de madre, pudo leer lo que decía, pero también percibir lo que no decía, instinto que solo en el sueño del tren había esbozado la forma de un sentimiento nefasto. Pensando en eso, se dio cuenta de que Benito en la carta no mencionaba al bebé.

Claudio y Benita habían sido robados, engañados, estafados veintiséis días atrás, a mil kilómetros de allí. No sabían qué hacer. El idilio con la nueva tierra se había roto.

Estaban en suelo extraño, tratando de establecerse, la realidad era muy diferente a aquel panorama benévolo que le habían pintado los amigos de la taberna. El dinero se terminaba rápido, y había que trabajar para sustentar a la familia, si no, no se comía; además, se corría el riesgo de tener problemas con las autoridades migratorias si no se cumplían los contratos de primera ubicación laboral. Aquellos a quienes Claudio había pagado el pasaje desde España desaparecieron, cada uno por su rumbo. Debido a los costos altísimos del tren, sin familiares con quienes dejar a los niños, a Claudio —un adolescente de cuarenta años— y a Benita, les era difícil siquiera pensar en hacer un viaje hasta Buenos Aires en aquellas épocas tan duras, sin saber cuánto tiempo llevaría la búsqueda, adónde dirigirse, qué puertas tocar en esa urbe que ahora parecía hostil, monstruosa, gigantesca, desconocida, no teniendo ninguna probabilidad cierta de encontrar a Antonio. Sus otros hijos necesitaban de ellos y de su trabajo. Claudio comprendió enseguida el engaño del cual había sido víctima Benita. Se sentía responsable de haber arrastrado a la familia a aquel viaje sin sentido. No decía nada, pero se notaba que en su fuero interno era reacio a una búsqueda inútil. ¿Cómo buscar a un bebito entre cientos de miles de personas y tantos miles de casas, sin ninguna referencia?

Benito, su hijo mayor, necesitaba hacer algo, pero era solo un niño de doce años; se prometió a sí mismo y a su madre que iría algún día a Buenos Aires, a tratar de encontrar a ese hermanito, cuando dispusiese de dinero. Benita lo alentó. Mantenían la esperanza. Ninguno de los dos —madre o hijo— lo hacía totalmente por sí mismo. Cada uno buscaba aliviar el dolor y la impotencia del otro. Benita recordaba a su otro bebé fallecido, Ángel, su ángel, el que le había enseñado a aceptar las pérdidas, poniendo fe en el Creador. Había templado un poco su corazón, lo suficiente como para no morir de dolor y poder ser fuerte para sus otros hijos.

En la finca, Claudio trabajó la tierra durante un tiempo, el necesario para quedar liberado. Pero pronto se cansó de las ingratitudes del oficio de contratista de viñas, que no era lo suyo, sujeto a una atención ineludible de dieciocho horas al día y, a veces, hasta los domingos. En cuanto se presentó la oportunidad de cambiar, se hizo peón de albañil; así aprendió a fabricar adobes mojándose hasta los testículos, según propias palabras de Benito, quien, por ser el hijo mayor, estaba destinado a ayudar como aprendiz.

En ciertas regiones de España se conocía el adobe, pero Claudio venía de una tierra en la cual las casas estaban hechas casi siempre de piedras, así que fue para él una novedad este aprendizaje. En la provincia de Mendoza estaba muy difundida la construcción con adobes: bloques de barro, amasados con paja y arena, para darles una cierta resistencia a los esfuerzos. Cuando la importancia de la construcción lo exigía, se utilizaban ladrillos cocidos en hornos formados con los mismos adobes, construidos más pequeños; pero estos eran más costosos, debido a la leña que debía utilizarse para su cocción; así que las casas, comúnmente, estaban hechas de adobes, con aberturas pequeñas, techos altos y eran casi siempre de una planta. Gracias a esto, conservaban bastante bien el calor en los rigurosos inviernos y en sus interiores se gozaba de la frescura anhelada en los insoportables veranos del desierto del lejano oeste argentino.

Hasta aquellos años, la zona no tenía un verdadero hospital importante, sin embargo, se había transformado en un paraje bastante poblado, paso obligado de los viajeros que se trasladaban desde el este hacia la ciudad capital de la provincia. Entonces, reconociéndole el prestigio de centro regional, el Gobierno decidió la construcción de un hospital regional: el hospital de San Martín. Por supuesto, ahí participaba Claudio, que a esas alturas ya había ascendido a oficial albañil, creciendo en su nuevo oficio de constructor.

Las siete familias a las cuales Claudio pagó los billetes del barco le habían prometido sinceramente devolverle el dinero apenas comenzaran a ganarlo. Pero cuando entraron en el mar revuelto de la nueva realidad y sus distancias infinitas, fue desapareciendo hasta el impulso de volver a reunirse. De a poco, se los fue tragando la tierra. Una de las familias alcanzó a devolverle la tercera parte; otras dos, que habían viajado en el mismo tren, pero con otro destino, estaban en San Rafael, doscientos kilómetros al sur de Mendoza, viviendo muy miserablemente. De los otros cuatro nunca más se supo; tal el fin de la ingenua confianza del pobre Claudio. A él, que en España había sido casi un señorito, la vida le estampó un cachetón en la cara y una patada en el trasero, como gritándole: ¡avívate, madura o te paso por encima!

A su hijo Benito le es muy difícil adaptarse a la nueva forma de vida: de tener de todo a no tener nada, y con doce años apenas. En España había ido hasta tercer grado, y en la nueva tierra es inscripto por Benita en la vieja escuela Castelli. Él, con su tercer grado de fuerte contenido salmantino, puede hacer sombra al maestro en la lectura y escritura del español. Como buen castellano que es, pronunciaba las "c", las "s", las "z", las "ll" y las "r" como corresponde hacerlo en español clásico, y utiliza otros vocablos que no se usan en el Río de la Plata, como "melocotón" para "durazno", "chopos" para "álamos", "cartera" para billetera, "coger" para "tomar" o "agarrar", "judías" para "porotos", "mantequilla" para "manteca", no dice malas palabras y practica naturalmente el uso de "tú" en lugar de "vos", este último generalizado en el país, lo que ocasiona las risas de sus embrutecidos compañeros, productos de una sociedad sumamente heterogénea en cuanto a sus orígenes, pero nivelados en lo concerniente a localismos y pronunciación. Los compañeros de Benito son niños, casi adolescentes, entre los cuales el rechazo y la burla hacia aquellos que son diferentes debe estar presente como cosa de todos los días, si no, ¿cuál sería la diversión de los mediocres? El maestro ve la intolerancia y las burlas, pero goza con ello, se hace el distraído, avalando con su desidia estas conductas. Benito soporta las pretendidas injurias con ganas de partirle a alguno la cara. Un día no aguanta más y, de una sola trompada, le hace salir sangre por la nariz a uno que ha estado toda la mañana molestándolo —el mimado, acostumbrado a ser consentido en la casa y en la escuela, el hijo del comerciante más prominente del barrio—. Es entonces cuando el maestro encuentra la oportunidad justa para canalizar sus envidias y frustraciones a través de este alumno español que quizás le recuerda todo lo que él mismo no es. Pone a Benito en el frente, delante de todos sus compañeros de clase, lo toma de los cabellos y, con toda la fuerza de hombre grande, le empuja la cabeza hasta estrellarla contra la pared varias veces. Los golpes no son nada comparados con la humillación y la injusticia que Benito siente. El maestro finaliza su heroica actuación echándolo del aula para que piense y vuelva al otro día, después de haber reflexionado sobre lo que ha hecho, no sin pedir perdón al ofendido. "¿Y tú no vas a reflexionar sobre lo que has hecho, cobarde?" Benito no lo dice, pero se muerde la lengua para no llorar de impotencia, mientras le da vueltas en su mente a un sentimiento de rabia contra esta tierra miserable que solo les ha causado dolor. Se va a su casa y le dice a su madre que no quiere volver a la escuela. Ante la insistencia de Benita y sus argumentos de que la escuela es buena y útil, le salen estas palabras:

—Madre, si quiere usted estudiar, vaya nomás, por lo que a mí respecta, no vuelvo nunca más.

LA HILANDERÍA

Juan D'Almeida se siente perdido cuando vuelve de Lisboa, después de haber cumplido con la obligación del servicio militar. Sin su madre, la ciudad *da* Guarda no tiene el sentido de refugio que le atribuía en los recuerdos solitarios de los días de cuartel. Siente que cualquier brisa húmeda de angustia puede oxidar su soledad, carcomer y disgregar sus huesos, sin nadie cerca que pueda recoger el polvillo. Contempla los pórticos de la plaza vieja recordando anécdotas de muchachos, mirando hacia las ventanas de los pisos altos y a su alrededor por si ve a algún conocido. Va detrás de la antigua iglesia, donde las casas de dos y tres pisos dejan un espacio tan estrecho que los perros se disputan los soles del mediodía. Sube por la escalinata que abraza un lado de la catedral. Sonríe aliviado cuando ve al mismo perro que dos años atrás dormía en la puerta de la iglesia, ni más viejo ni más gordo —piensa y ríe—. Lo encuentra en el mismo lugar: la mancha de sol que a las doce y media de las primaveras se filtra desde los contrafuertes tardo góticos sobre los muretes de piedras. Ahí comprende que, aunque a él le parecen una vida entera, han sido solo dos años, que para las gentes del lugar habrán transcurrido tan velozmente como dos meses.

Camina sin urgencias hacia la casita. Está limpia por fuera porque las vecinas sacuden las ventanas y barren la vereda, debido al cariño solidario que le han profesado a

Rosa. Hay geranios rojos, en macetas colgadas de los muros de cal blanquecinos. El rojo le trae recuerdos de la sangre de su padre en aquel lejano otoño de sus trece años. La puerta cerrada es una confirmación más de que su madre ya no está. Entra, siente un leve olor a piedra húmeda, abre todas las ventanas. Un puñado enorme de sol entra de repente, y una cabeza amable se asoma por la puerta, todavía abierta, preguntando por el niño de Rosa y llevando envueltos seis buñuelos en el delantal, los cuales derrama sobre la mesa para no aplastarlos con el abrazo que el hombretón le prodiga al instante. Las masas dulces cambian el olor del aire. La señora Carmen es para Juan medio tía y medio abuela, no porque exista un parentesco entre ellos, sino porque es una vecina muy mayor, que lo quiere como si fuese su abuela, pero tan divertida, tan compañera en las picardías de muchachos como otra jovencita de la edad de Juan. La señora Carmen no ha tenido hijos, pero sí muchos sobrinos del barrio y de la calle para los que siempre hay en los bolsillos de su delantal un trozo de pan caliente cuando tienen hambre.

La señora Carmen lo va llevando, una por una, por todas las casas de los vecinos, abriendo todas las puertas sin golpear. La alegría simple de su regreso pinta de sonrisa los rostros amigos, gente pobre que se fabrica de la nada el milagro de la subsistencia, puesto que viven de lo poco y nada que pueden comprar en un tiempo de escasez, carestías desmesuradas, salarios de vergüenza. Aun así, su barrio le brinda otra vez el sentido de identidad, la cuna tranquila para el sueño y la nostalgia.

De regreso en su casa, de noche, repara en unas cartas que están en el piso, a un costado de la entrada. Parecen haber sido pasadas por debajo de la puerta por el cartero durante el tiempo en que la casa ha estado cerrada. Son tres, y son de su hermano en Brasil.

Por la noche, con un café en la mesa, una vela y los buñuelos de la señora Carmen, explora en las cartas de su hermano los horizontes de una vida prometida en el Nuevo Mundo. Al quedarse dormido, los sueños lo llevan a través de mares calmos, playas calientes, colores tropicales, alimentos deliciosos, frutos nunca vistos.

Al día siguiente, después de presentarse en la hilandería, donde le habían reservado su puesto de trabajo, y saludar a sus viejos conocidos, Juan busca a Francisca entre todas las figuras femeninas que se mueven en el otro sector. No se puede acercar mucho a la zona donde debería estar ella, entonces, desde lejos, observa las figuras en sus vestidos, algunas con pañuelos cubriéndoles las cabezas. Hay muchas mujeres trabajando allí, no puede distinguir a su gran amiga de la forma en que la recuerda. Tiene tantas ganas de verla, y se está preguntando qué habrá sido de ella y su padre. Siente, ya sea la culpa de no haber pensado en ellos durante dos años como el deseo de compartir con ella las cosas que le han sucedido, especialmente lo de sus amores frustrados con Clara Isabel. Entonces, decide que a la salida del trabajo pasará por la casa de su tío Antonio. Sin más, se entrega al trabajo entre los telares, tratando de disfrutarlo antes de que se le haga de nuevo monótono. Nada ha cambiado, todo está como dos años atrás, cuando partió, pero ahora es como si lo viera desde otra perspectiva, quizás profundizada por los sucesos vividos. Altas paredes descoloridas, lejanas ventanas angostas, altísimas, con el cielo diáfano detrás de sus banderolas abiertas, esbeltas columnas verdes acanaladas de hierro fundido, que se hacen más delgadas arriba y explotan en los ficticios vegetales de un capitel florido, sosteniendo las vigas continuas del techo, de las cuales solo se ve la parte baja, separando los largos sectores rectangulares entre filas de columnas. Más allá, los imponentes engranajes y correas de las máquinas hiladoras, en otro sector un mesón gigante y largo; apartados, los tanques de teñido y de este lado los telares mecánicos con molinete y su eterna danza sube y baja. Recuerda el día en que llegó y se encontró solo, de frente a una máquina de hilar. Sentía una gran curiosidad. Aprendió rápido, pero también creció, y al poco tiempo lo pasaron a los telares de mantas de abrigo y lo dejaron en ese sector, porque se le daba bien. Su función era la preparación de la instalación según el entramado que se quería realizar, el aprovisionamiento, la puesta en marcha con un sistema de palancas y eventual apagado de dos telares contiguos, el control del proceso, del perfecto funcionamiento de la mecánica y echar un ojo a la calidad de la producción. Le gustaba su trabajo, pero le pagaban muy poco. Aunque se sentía estimado, no veía posibilidades de progreso en Portugal. Había llegado al punto del desencanto, un límite donde necesitaba un cambio, se replanteaba muchas cosas de su vida, pensaba en el Brasil, en irse con su hermano. Tenía ganas de saber cómo la estaban pasando Francisca y su padre, el tío Antonio, y si alguna vez habían considerado la idea de emprender el gran viaje.

De vuelta de la hilandería, casi de noche, se detiene a comprar unos panecillos y una botella de vino, placeres que aún puede darse con lo que le queda de la última paga militar. Las luces de la casita están encendidas. Tres golpes suaves, respetuosos, en la puerta, no son respondidos. Tres golpes más intensos y la puerta es abierta por una mujer bella, de cabellos largos y oscuros, de ojos castaños y mirada profunda que lo reconoce enseguida, a pesar de su transformación. Juan se queda estático, mudo, mientras va deduciendo que esa mujer preciosa tiene que ser...

—Si prefieres quedarte allí, solo dímelo y colocamos la mesa fuera.

Ella mira lo que trae en las manos y continúa:

—Tenemos vino, pan, queso y naranjas, podemos hacer una fiesta...

Recién en ese instante Juan confirma que es su Francisca, pero no la adolescente que ha recordado durante esos dos años, sino una verdadera mujer, algo más robusta y segura de sí misma, con un encanto que le sale por los ojos y la boca, pero que viene de lo más profundo de su corazón. Juan se pone a reír muy contento y nervioso. En su mente se cruzan muchas sensaciones que no alcanza a comprender y que prefiere dejar allí. Abraza a Francisca con una fuerza que casi la deja sin respiración. Ella se da cuenta de la felicidad que siente al ver de nuevo a Juan. Su padre, Antonio, está allí, afilando unas herramientas de trabajo. Hace ya varios años que trabaja en una fábrica de muebles, oficio que le ha permitido hacerse de una pequeña propiedad para vivir. A Juan lo contempla con satisfacción; abrazándolo, le dice de su tristeza por lo de Rosa y de la última vez que se vieron. Luego se sientan a conversar largamente de las anécdotas del cuartel, brindan con el vino tinto y ríen durante un par de horas. Al quedarse solo con Francisca, está a punto de contarle lo de sus amores desafortunados con Clara Isabel, que todavía le duelen. Pero ya se ha hecho tarde, al día siguiente se trabaja.

Durante los meses de primavera, Juan se da cuenta de que empieza a recordar a Francisca cuando se despierta por la mañana y sigue recordándola en el café, en la caminata hacia el trabajo y en las pequeñas cosas de todo el día. La perspectiva de verla en la hilandería transforma la jornada en una fiesta. Nunca ha estado tan ansioso por llegar al trabajo en la fábrica y nunca se ha descubierto a sí mismo tantas veces en las horas de trabajo buscando su cara entre las operarias del sector femenino, con disimulo, para que ella no se dé cuenta de aquel magnetismo que le ha despertado. Durante cualquier actividad que desarrolla, mira de reojo para corroborar si ella se ha percatado de sus movimientos. Cuando hablan, no se anima a preguntarle si tiene algún pretendiente. Y también siente que ya no es tan urgente ni oportuno hablar de sus amores pasados. Con la Francisca de sus recuerdos lo habría hecho, pero con esta Francisca se siente intimidado. En el camino de regreso, la acompaña junto a su grupo de compañeras, por las calles, hasta el barrio, y luego continúa hacia su casa. Más de una vez se siente atraído por su olor, la cercanía de su piel, respira la seda misteriosa de su pelo lacio, aún a medio metro de distancia. Cuando cierra la puerta, saca de un cajón un sobre amarillo con la foto de Clara Isabel, la mira y vuelve a guardarla en la cómoda.

Hasta que un domingo en que se despierta pensando en Francisca, sin saber cómo hacer para sobrevivir hasta el lunes sin verla, mira la foto de Clara Isabel una vez más y se da cuenta de que ya no le duele, desde hace mucho tiempo, porque Francisca ocupa todos los instantes de sus espacios de vigilia y de inconsciencia, se le ha metido hasta en los sueños, porque cuando despierta, si bien no recuerda lo que ha soñado, todavía percibe entre sus dedos la sensación lisa de unos cabellos suaves como la seda y oscuros como la caoba... y cierra de nuevo los ojos para tratar de recordar su perfume y ser bendecido con dos minutos más de éxtasis, tratando de recorrer en retroceso los laberintos de la fantasía que lo hagan llegar otra vez a aquel lugar recóndito de la imaginación donde, sin la certeza del recuerdo, está seguro de que ha tenido a Francisca entre sus brazos.

Está decidido. El lunes la encontrará en la fábrica, a la salida le pedirá hablar, se separarán del grupo y le confesará su amor.

Pero el lunes no la encuentra. Francisca no va a trabajar. Las compañeras no tienen noticia de ella. A la salida pasa por la casita y ve que todo está cerrado; en la ansiedad, ni siquiera repara en el vecino que se acerca desde la casa de al lado y que queda con las palabras colgando de la boca. Juan sale caminando a pasos agigantados hacia el centro de la ciudad, para intentar encontrarla. Pero comprende de inmediato que aquello es una locura. Vuelve por la calle del tío Antonio cuando ya es de noche, pero todo sigue igual, solo que la calle entera se ha ido a dormir y no queda alma alguna que le dé una noticia. Espera hasta el día siguiente, con la esperanza de ver aparecer a Francisca entre los rostros de las operarias. Da mil vueltas en la cama, y el día lo sorprende mal dormido y con ojeras. Pero ella no aparece ese día tampoco. Piensa que los patrones deben de saber por qué no va a trabajar, así que, en el momento de descanso del miércoles, se dirige a las oficinas a preguntar; sabiendo que ella es su prima lejana, le responden que Francisca María tiene un permiso para cuidar a su padre en el hospital, quien ha sido llevado allí a raíz de una fiebre fuerte. Siente que se agita por dentro, con una ansiedad inusitada ante la certeza de encontrarla.

Con nuevas esperanzas, cuando llega el día, desea como nunca que el tiempo de trabajo llegue a su fin, pero el tiempo pasa lento como en los escapes de una pesadilla. Apenas sale del trabajo, camina veloz y ansioso los quince minutos que separan la fábrica del hospital, con el corazón saliéndosele del pecho, porque finalmente va a verla.

Ella, que había sido educada discreta como las buenas niñas de antes, a nadie había confiado sus sentimientos, pero el día en que había abierto la puerta a Juan de regreso del cuartel, lo había visto de repente como un hombre y había comenzado a amar al hombre y al niño que fue.

Francisca está fuera, de pie con una jarra en las manos, pensando en Juan como lo hace cada minuto de su vida presente, deseando verlo y compartir sus minutos con él. Mientras, trata de encontrar la fuente de donde sacar agua. Gira la cabeza cuando siente detenerse a tres metros a un muchacho que ha visto de reojo venir corriendo hacia ella, y se da cuenta de todo, porque a Juan se le sale el corazón por la boca, pero de amor. Siente toda la fuerza de ese amor derramándose sobre ella, vuelve a mirar a Juan y comprende que él tiene en la garganta, atravesadas, mil palabras que ella ha querido escuchar desde el instante en que lo ha visto aparecer, tres meses atrás, en la puerta de su casa. Él no puede hablar. Finalmente ha encontrado a Francisca y todo lo que pensaba decirle ha quedado postergado ante la mirada de sus ojos profundos, inquietantes, llenos de miedo y felicidad, que también transmiten amor. Juan se sabe correspondido, se acerca despacio, le acaricia los cabellos de seda, le besa las manos; mientras, le quita la jarra de terracota, la apoya sobre el murete contiguo y la estrecha en sus brazos con mucha dulzura, besando sus ojos y sus labios.

—Jamás te vayas sin decirme dónde estás, porque me muero... ya no siento paz si no te tengo cerca.

Los muros encalados giran en torno a ellos como en una danza, la plaza los envuelve y rueda en un baile vertiginoso, el planeta completo gira a su alrededor como los valses de una fiesta, ante el poder liberado del amor de dos almas que se han encontrado para siempre.

Juan y Francisca se casan en febrero, durante el invierno de 1910, con la bendición de Antonio. Van a vivir a la casita de Juan. Llevan una vida feliz de recién casados, con lo poco que les permiten sus decepcionantes sueldos de la hilandería. Ambos se levantan temprano, desayunan, y antes de entrar a trabajar, recorren el camino hasta la casa de Antonio y le alegran la mañana para que él también se vaya a su trabajo contento. Los domingos pasan con él todo el día y a veces caminan hasta los campos vecinos, donde se llenan el alma con los aromas perdidos de la infancia.

Mientras, los salarios pierden cada vez más valor, se pueden comprar menos cosas, escasean los alimentos, ya casi no se puede acceder a lo básico para la subsistencia. En la ciudad es casi imposible tener cultivos o animales y hay que dar la cara al hambre de la forma en que venga. Las cartas del hermano de Juan siguen llegando cada tres meses con promesas de aires renovados, animando a Juan y Francisca a emprender el viaje a las tierras nuevas, ya que allí les esperan buenos alimentos y perspectivas de prosperidad para fundar una familia. Pero Francisca se resiste porque no quiere dejar a su padre solo.

Antonio ya hace tiempo que sabe de su corazón enfermo, le queda poco. Siente que el fin de sus días se acerca inexorablemente. Su mayor alegría ha sido el matrimonio de Francisca con el mejor hombre que habría podido pedir.

Juan es justo, todo corazón, compañero noble. El padre de Francisca ya no trabaja más con el ritmo y la obligación de antes, sino que va a la carpintería para hacer algo provechoso mientras disfruta del encuentro con la gente de todos los días. Tiene algún pequeño ahorro, vive modestamente, pero es lo que quiere. Sus patrones y sus compañeros, en tantos años de trabajo juntos, han aprendido a estimarse y ayudarse cuando es necesario. Por otra parte, siente su alma arraigada a esos lugares de su juventud, su identidad de bosques es ahora identidad de suburbios con recuerdos. Sus recuerdos lo acompañan ya más que sus realidades. Extraña a Catarina desde el momento en que ella murió, la sigue extrañando durante las mañanas al despertar y durante el ocaso, cuando las sombras nocturnas avanzan sobre la calle y le viene tan fuerte la necesidad de comentar con ella los pormenores de la jornada de labor y sentir el aroma a torta de otros tiempos mientras las niñas duermen. Sucede a menudo por las noches que Francisca lo interrumpe:

—¿Qué es lo que ha dicho, papá? —ahí Antonio se da cuenta de que en verdad ha estado hablando con su mujer... y en otros tiempos de la vida. Es ya una costumbre que las preguntas de su hija lo hagan volver a la realidad. Antonio tiene poco más de sesenta y cinco años, pero se ha hecho viejo y se nota porque permanece más tiempo en el pasado que en el presente. Juan y Francisca lo entusiasman para que se vaya con ellos al otro lado del mar, porque no les da el corazón para dejarlo solo allí, pero la verdad es que Antonio no quiere irse a morir a una patria desconocida y ser enterrado lejos de los huesos de Catarina. Al fin, una noche cálida de agosto, después de haber saludado a Francisca y Juan, que volvían a su casa, se acuesta a dormir y entra pronto en un sueño profundo pero muy bello, donde tiene entre sus brazos a Catarina, de diecisiete años, con sus cabellos largos, perfumados de lavanda y un vestido blanco que se vuela con la brisa, bailan con el viento de primavera y ella le dice en un susurro:

—Ya está todo en orden, amor mío, ahora puedes venir conmigo.

Los jóvenes, al encontrarlo al otro día, saben que la transición al sueño infinito ha sido dulce como la leche con miel de su infancia.

Así que los dos, seis meses después de haberse casado, están preparando el equipaje y gestionando los pasajes del barco que los llevará directamente a trabajar en los cafetales del Brasil.

Los patrones de la hilandería lamentaron perderlos. Cuando Juan y Francisca se habían casado, los patrones les habían regalado dos hermosas frazadas, de aquellas que se producían en la fábrica. Al fin y al cabo, esos emprendedores, pilares intermedios sobre los cuales se asentaba un sistema cruel de pobreza estructural, aun viviendo en condiciones superiores, estaban igualmente atrapados en un círculo económico que no favorecía el mejoramiento salarial para los operarios. Y sí que les dolía, a su manera, tener que perder a buena gente como esos muchachos.

Juan y Francisca se cubren con sus chales y se acomodan mirando hacia la orilla, para no perder de vista ni la variada costa de Vigo ni los pañuelos blancos que se agitan cada vez más lejos. Parten de este puerto gallego porque ellos, desde Guarda, han podido llegar por tierra; conveniente porque está más cerca que Lisboa y tiene intenso tránsito ultramarino. Después de acomodarse y pensar largamente en su familia perdida y en su tierra amada, ella se compone como puede, se seca las lágrimas y busca los ojos de Juan, para caer en la cuenta de que su marido está descompuesto hasta la médula, pálido, deshecho en un mar de sudores fríos y náuseas. Lo abriga, busca con ojos y oídos a alguien que hable su lengua, pero rápidamente comprende que en aquel barco de bandera española su pesadilla recién ha comenzado, sin ninguno que hable portugués y con el fortachón de su marido, que habría podido chapucear algunas palabras del español, reducido a la inutilidad por el movimiento interminable del océano.

¿DÓNDE ESTAMOS?

Octubre de 1910. Una gran compañía cafetalera de Sudamérica, con oficinas temporarias de promoción en Ciudad Da Guarda, recluta mano de obra inmigrante, de modo que Juan y Francisca se han comprado dos pasajes de tercera clase para Brasil; van a trabajar en los cafetales, como ha hecho hace años el hermano de Juan, que los está esperando. De la venta de sus respectivas y minúsculas casitas ha salido el dinero necesario para partir y ha sobrado algo para establecerse a la llegada. Francisca atesora en su bolsa las cartas amarillas, por si sirven para ubicar a su cuñado, y una referencia de los Ferreira: una carta manchada de humedad que había guardado su padre, con una dirección de San Pablo, medio borrada detrás del sobre. Ante la idea de viajar en un buque de vapor, lo más novedoso hasta el momento, Francisca y Juan se enorgullecen, se ilusionan, pero están llenos de miedo por lo que pueda esperarles. El día anterior han alcanzado la ciudad portuaria española de Vigo, para abordar, temprano por la mañana, un barco de bandera española que tiene como primer destino Cádiz, al sur de España, días después Tenerife en la Islas Canarias y luego cruza el Atlántico hasta Recife, en Pernambuco, luego Salvador de Bahía y por fin Río de Janeiro, la capital del inmenso país. El resto de los puertos sudamericanos están desdibujados en la mente de Juan, que ya se proyecta con su nueva vida de agricultor en Brasil. Van los dos con bolsos de tela rústica colgados en bandolera. Uno de los bolsos de Juan es una gran cartera de cuero, heredada de su padre. Además de un bolsón de tela fuerte llevan un baúl resistente y ligero, revestido de cuero antiguo marrón, desgastado, con cuatro refuerzos externos para la estructura, donde el cuero se ha pelado de otros usos y otras historias. Tiene dos manijas móviles de hierro en los extremos, que sostienen entre ambos para transportarlo, provisto de apoyo sobre cuatro patitas redondeadas de hierro que permiten arrastrarlo sin romper el cuero. Se parece a otros por sus cicatrices y fabricación, difiriendo solo en las tonalidades y los roces. Allí están, al pie del barco español, él entendiendo algo de lo que hablan los tripulantes entre el gentío. Ella, bien poco y nada. Ella, con sus polleras de color celeste, abultadas por las enaguas blancas debajo, dejando ver los graciosos zapatos negros con botones, que la elevan siete centímetros con sus tacos anchos. Se protege del viento fresco, que ya empieza a correr, con su blusa blanca, el ligero abrigo beige tejido por sus manos y el chal negro con flecos que había sido de su madre, doblado en diagonal y atado nuevamente alrededor de la cintura. Un sombrerito discreto de paja, decorado con una cinta celeste, fijo con pinzas sobre los cabellos recogidos en un rodete, completa su delicadeza sencilla en los preliminares del viaje, pero el gran pañuelo al cuello, tirado hacia la espalda y las manos fuertes, hablan de una mujer dispuesta a cubrirse la cabeza y arremangarse la blusa para hacer lo que haya que hacer cuando sea necesario. Juan también se ha puesto su ropa buena: camisa blanca, pantalones marrones oscuros, chaleco negro donde lleva el reloj de cadena que era de su padre, un pañuelo gris oscuro alrededor del cuello, bajo la camisa entreabierta, y un chaquetón a juego con los pantalones que, aun con el viento de otoño, le está empezando a molestar. Lleva su inmenso chal de lana marrón enroscado en la correa de cuero de su bolso; sobre la cabeza, un sombrero negro de ala corta.

El bullicio de la multitud, que ella no entiende, se entremezcla con los pensamientos de Francisca. Ve manos de trabajo que le recuerdan a las del abuelo José, espaldas derechas y otras algo vencidas, familias ansiosas, baúles, bolsos, valijas amontonadas, niños que corretean y sombreros mal puestos que se vuelan con el viento. Son algunos los que se quedan y muchos los que se van, con sus ropas mejores, para ser mejor aceptados en ese mundo nuevo al que se van a proponer. Siendo el sector de embarque de tercera clase, se percibe cierta sutil discordancia entre las ropas de domingo que visten y las pieles bronceadas, ajadas del trabajo. Hartos de no tener trabajo seguro ni bien pagado, muchos de ellos preferirían estar envueltos en rústico lino, comiéndose una fruta recién cortada de un árbol, bajo el sol de la abundancia; pero ese sol ya se prodiga poco en el 1910 de la Península Ibérica. En cambio, se transparenta la angustia, la carencia, el sacrificio de las monedas ahorradas y atesoradas con tanto esfuerzo para emprender el viaje de sus vidas. Se adivina en esos rostros el impulso de escapar del hambre, la sensación de estar vengándose, con el abandono, de una nación que los ha abandonado. La actitud emprendedora, el entusiasmo del momento, la sonrisa, no llegan a velar, en esos semblantes tan característicos, el dolor de tener que irse para nunca más volver.

Cuando les toca el turno, Juan y Francisca acarrean sus cosas por la rampa de embarque, lentamente, haciendo más fuerza Juan, por las dudas, porque Francisca ya ha notado algunas faltas que, sin tener la certeza absoluta, le han

hecho pensar en la dulce espera. Se encuentran de frente
con el empleado, que les controla la documentación. Dado
que no entienden el español muy bien, el empleado de la
compañía apela a unas pocas palabras de gallego para hacerse comprender y les indica con señas el camino a seguir
hasta el sector donde pueden dejar el baúl, entre montones
de baúles, valijas y bultos amorfos que solo Dios sabe cómo
iban a identificar sus propietarios para rescatarlos al final
del viaje. A otros, que transportan cajas de madera y baúles
más grandes, no se les permite llevarlos con ellos; se los envía a entregarlos a un sector más alejado para mandarlos a
la bodega del barco. Hay un tripulante enviando inmediatamente a los emigrantes a buscar litera al piso de más
abajo. Pero Juan y Francisca logran evadirlo entre el vaivén
de la multitud. Se apartan y se sientan en unos bancos con
dos lugares libres más allá, sobre la cubierta correspon-
diente a su clase, por donde han embarcado, con su baúl y
sus cosas; no quieren perderse ni un minuto de estos recuerdos únicos que entran por los ojos. Juan se abandona a las
remembranzas, recordando el perfil de su Portugal amado,
y se pregunta cómo se habrían visto los perfiles de los edificios dibujados contra el cielo de Lisboa o de Porto. Se plan-
tea cómo y cuándo se cortará la soga que lo amarra a su
Portugal querido, si es que algún día sucede.

Cuando el barco parte, roncando con su sirena y su
humo en el aire nublado, Francisca piensa en las personas
que se quedan, en esas manos y esos pañuelos blancos que
saludan desde la costa: no puede evitar imaginar la pena de
su regreso a casa en soledad. Espera que ellos pronto puedan habituarse al Brasil. Se queda pensando unos momentos en las cosas que ha vivido desde que tiene uso de razón.
Su vida ha estado marcada por las continuas pérdidas: aun

en ese momento está perdiendo su tierra, parte de su identidad. Sin embargo, ha sobrevivido y ahí está, para cumplir algún destino hasta ahora desconocido, tratando de comprender. Desea que el nuevo ambiente tropical cambie el signo de su suerte y le permita regocijarse en una juventud plena. Al perder de vista los pañuelos blancos, cae en la cuenta de que ya es hora de buscar una ubicación dentro del barco, puesto que en algún momento llegará la noche, cuando se da cuenta de que Juan está descompuesto, frío y enfermo de náuseas. Le procura abrigo con el chal de lana, intenta buscar ayuda, pero comprende que su portugués es inútil para esta gente de habla española tan variada; las personas cercanas, sin ser mala gente, desisten inmediatamente, disculpándose por no entender, demasiado ansiosas y ocupadas para detenerse y tratar de descifrar a una extranjera. Casi todos han querido disfrutar de la experiencia de la partida en cubierta, lo que ha dilatado en el tiempo la movilización de personas hacia los dormitorios. Lo que Francisca hace es ayudar a Juan, de cualquier forma, a incorporarse apoyándose en ella. Logra que camine hasta la entrada y le ayude a tironear del baúl, mientras ella lleva su cartera y las otras pertenencias. Un hombre y su hijo mayor, que ven el esfuerzo de ella, de repente comprenden la necesidad y le ayudan a sostener a Juan mientras descienden la escalera hasta los dormitorios de la tercera clase, el muchacho les baja allí el baúl y vuela ante el pedido de ayuda de su madre. La gente andando con sus bultos y valijas mina la escasa anchura de los corredores. Buscan ubicación con dificultad. Juan necesita estar acostado. En un corredorcito, casi por milagro, encuentran una cucheta vacía al final de un dormitorio para cuatro que tiene la puerta abierta, al lado de una ventanilla redonda por donde se ve el cielo. Saludan al entrar. La cucheta de al lado está ocupada por un hombre anciano que habla una lengua que ella no conoce, con dos gemelos bulliciosos como de unos cuatro años, que suben y bajan de la camilla como en un juego eterno, y el abuelo les deja hacer. Francisca se pregunta dónde estará la madre de esos niños. Entre el hierro que soporta la cucheta inferior y el suelo, existe la distancia justa para poner el baúl y el bolsón que tienen. Ubica sus cosas debajo de la litera y hace que Juan se acueste allí, reservándose para ella la litera superior, porque la de al lado está ocupada por el viejo.

Francisca sube a su cucheta y se pone a observar el espacio en el que están. Sin ser lúgubre, da una sensación de reclusorio oscuro, pero tiene colchones bastante cómodos. Tiene sábanas, pero no tiene frazadas. ¿Y si hace frío? Menos mal que ellos tienen las que les han dado en la hilandería como regalo de bodas. Habrá menos de dos metros y medio desde el piso al techo. Las cuchetas están fijas arriba y abajo, de modo que no se muevan con los movimientos del barco. Francisca gira la cabeza hacia el ojo de buey, ve que el sol del atardecer pinta sobre el agua reflejos de oro que nunca ha visto antes. De repente, salta de la cucheta, dice algo al oído de Juan y sale a recorrer los espacios contiguos, abriendo puertas y esquivando gente, hasta que encuentra un espacio con una figurilla de mujer en la puerta, que ella interpreta acertadamente como un baño femenino, donde hay cuatro surtidores de agua dulce, que permiten la caída sobre bateas circulares de cinc, en los que las mujeres se pueden lavar el cuerpo, la ropa o sacar agua. En efecto, hay palanganas de cinc apiladas cerca de una pared y unas veinte bacinillas disponibles en un ángulo. Más allá hay un espacio con dos bañeras. Ella se pregunta dónde podrán satisfacer sus necesidades fisiológicas, pero pronto ve un corredor con cuatro puertas de celosía; al empujarlas, ve que contienen, tres de ellas, inodoros a la turca, a pavimento, de metal enlosado; en una hay un moderno inodoro que permite sentarse, cosa que se promete a sí misma evitar por todos los medios posibles. Todo está bastante limpio, se siente un fuerte olor a desinfectante. Está pensando en la higiene durante el viaje. Francisca tiene su bolsito colgado en bandolera, con sus efectos personales, un jabón que ha hecho ella y sus toallas de mano. Otras mujeres han tenido la misma idea que ella, porque se empiezan a sentir animadas conversaciones y risas, agua que corre… y para cuando sale del retrete, se ha formado allí una convención de coloridas señoras. Saluda en portugués y le responden en español. En el corredor hay siete niños que juegan a perseguirse. Uno de ellos chilla contra otro niño y la que parece ser su madre le grita desde el baño algo que bien puede ser una amenaza de castigo o cualquier cosa, ya que los chiquillos siguen peleando con más intensidad. Francisca los mira con gesto neutro; se quedan en silencio a la vista de sus ojos oscuros. Recuerda a Juan, solo en la litera y se pregunta si se habrá mejorado.

Juan tiene el estómago revuelto, está mareado y pálido, parece que todo sigue igual. Es el mal de las olas. La travesía recién empieza y los mareos ya parecen durar una eternidad. Solo se ve cielo y mar. Muchas personas circulan alrededor buscando una litera. No es posible que no las haya para todos, piensa Francisca. Al ver por la puertita abierta que los puestos están ocupados, ponen cara de contrariedad y siguen de largo por el corredor o dan la vuelta sobre sus pasos. Francisca tiene miedo de dejar solo a Juan, que no puede valerse por sí mismo. No solo piensa que los gemelos pueden pisotearlo en cualquier momento, sino que el sencillo acto de moverse a causa de sus necesidades biológicas, la alimentación, cualquier movimiento, lo reducen a un estado deplorable de náuseas incontrolables. De modo que deberá resignarse a permanecer largos períodos en ese rincón, atendiendo a Juan. Al anochecer el barco toca el puerto de Cádiz. Los movimientos se atenúan. Se sienten entremezclados murmullos de gente: gente cantando, música, gritos y risas.

Viendo que Juan logra dormir un poco en cuanto el barco se detiene, se tiende sobre la litera alta de la cucheta y se duerme como un niño. En un primer momento, el dinero y los documentos los llevaba Juan, pero al sentirse tan mal, tiene miedo de desmayarse y ser tomado por sorpresa por algún ladronzuelo furtivo, así que se los ha dado a Francisca, quien se los ha puesto dentro de las enaguas, en un bolsillito secreto, donde resulten inaccesibles aun durante el sueño. El barco no zarpa hasta la mañana. Sirven la cena, pero ella solo se despierta con los movimientos y los ruidos del día siguiente, con hambre.

Francisca tiene en una de sus bolsas unos frutos secos, naranjas y limones, aunque empieza a sentir olor a desayuno e intenta hacer que Juan se ponga de pie. Tal cosa no es posible, solo se puede sentar en la cama. Así es que, mostrando los dos billetes, se las arregla para que el camarero le dé la bandeja de Juan: "*Meu marido está doente, ele tem náuseas, vómitos, doença do mar*"; luego entiende con dificultad, pero con sentido práctico, que la debe restituir cuando hayan terminado. Y así hará con el almuerzo. Al atardecer, sube unos minutos a la cubierta a respirar un poco de aire puro; más niños jugando, más personas hablando en español y en otros idiomas desconocidos. Puede reconocer el tono del inglés, porque lo ha sentido hablar en la hilandería, mientras sus patrones mostraban las instalaciones a visitantes. El aire puro del mar la renueva de vida. En los salones se alcanzan a ver figuras que bailan y ríen, otros están sentados, fumando y jugando a las cartas. Le gusta caminar por la cubierta y mirar el mar, la estela que va dejando cuando avanza o las embarcaciones pequeñas, cuyas luces se diluyen en el agua cuando están detenidos en el puerto. En uno de esos paseos, coincidente con la parada del barco en las Islas Canarias, en Tenerife, encuentra a una gallega amamantando a un bebé en un ángulo de la cubierta. Instintivamente, se lleva las manos al vientre, deseando que su sospecha se haga realidad. La mujer le pregunta algo; a raíz de eso logran entenderse, mitad por señas, mitad con algunas palabras que son parecidas en ambos idiomas. Francisca toma al niño entre los brazos, pensando que se siente muy gratificante el contacto con una criaturita tan pequeña y bonita. Mientras tanto, la señora estira las piernas y la espalda, agradecida. Al otro día la busca, pero no la vuelve a ver. En cambio, encuentra a un grupo de portugueses que había visto subir en Cádiz. Finalmente se podía comunicar con alguien, de modo que les pregunta a dónde van. Ellos son también inmigrantes. Le responden que bajan del barco en el primer puerto que tocan del otro lado del Atlántico: Recife, porque tienen unos parientes ricos que les darán ocupación en una *façenda* agrícola y también tienen un establecimiento de pesca. Ella les cuenta que está muy preocupada porque su marido tiene mal de mar y no se puede levantar para ver los puertos. Tiene miedo de no saber dónde bajar. Los portugueses la tranquilizan, imaginan que la tripulación de la nave sabe hacia dónde se dirigen los pasajeros que han subido al barco y los alertan cuando han llegado al lugar indicado. Igualmente, le dicen que Río será el tercer puerto. Así es que a Francisca la abandona la tensión y se entrega al vaivén de las olas y a descansar ella también un poco. Solo está algo preocupada de que lo vean enfermo a Juan y de que por esto no lo dejen desembarcar.

—Juan, que yo sola no voy a saber dónde nos tenemos que bajar del barco. Tienes que ponerte bien.

—Ya te lo he dicho, primero, vamos a pasar por Cádiz, después, por una isla española... a ver aquí dice en el billete, muéstramelo... ah... dame la bacinilla, que no puedo más —despide todo lo que había comido antes. Francisca se da cuenta de que, entre las náuseas, Juan se confunde y pone como paradas futuras algunas que ya han hecho, pero no le recrimina porque comprende la confusión de su estado.

—Límpiate. Te voy a traer agua, espera un poco, no te muevas de aquí.

Francisca se desespera pensando cómo va a hacer para tomar las riendas de ese viaje, sin poder comunicarse. Ruega volver a encontrar al grupo de portugueses. Ella, que no ha ido jamás a la escuela, tiene una idea muy vaga de la geografía del mundo. Más que nunca, desearía haber ido a estudiar, para saber por dónde van pasando. Piensa que habría podido aprender algunas frases básicas en español y ahora no estaría pasando estas angustias. Al menos así cree, cuando se esfuerza por interpretar, sin llegar a entender ni un poquito, las cosas que la gente dice.

—Juan, bebe un poco de agua, a ver que te limpio los bigotes, ponte esto debajo de la cabeza.

—Me quiero levantar, probar cómo me las arreglo caminando, quiero ir al baño —se incorpora, se toma de los hierros redondos que sostienen la litera, da tres pasos y siente que el dormitorio le gira alrededor, haciéndole vomitar el agua que le había dado Francisca. Ella, al limpiar el suelo, se da cuenta de que el pavimento es coloreado e impermeable, hecho de un material que no ha visto nunca.

—Deja, tendrás que hacer tus cosas aquí, pediremos disculpas y unos momentos de intimidad. Te traigo todo —Juan cae en la cama, con la sensación de que el barco se le viene encima.

—Juan, ¿nosotros cuándo nos tenemos que bajar del barco...? —pregunta Francisca en uno de los momentos de lucidez de su marido.

—Tienes que estar tranquila, faltan varias paradas, por lo menos tres puertos antes de llegar a Río de Janeiro. Primero, Recife, así se llama ese lugar, más tarde Salvador de Bahía, luego viene Río de Janeiro: allí nos bajamos nosotros. Ah... que me caigo... —se pone horizontal en la litera— Francisca, son cinco paradas, a la quinta nos tenemos que bajar: ahí en los billetes está el itinerario...

—No, no está escrito en el billete Juan, al menos eso lo puedo comprender.

—Ah, no, Francisca, está escrito en el folletín de la compañía, mira aquí, aquí está escrito señala con el dedo Río de Janeiro, es la quinta parada... ah... no puedo fijar la vista, me pongo mal... pero míralo tú... —con estos vaivenes nauseosos continúan al atardecer y al otro día, y al otro. Es un martirio para Juan el dolor de cada arcada y el asco de cada nausea. Recién han comenzado el viaje y Francisca ya está agotada mentalmente.

Pasan unas siete jornadas más. El barco está llegando al primer puerto del otro lado del Atlántico. La emoción de la gente se hace visible, hay discusiones lejanas en diferentes idiomas, gritos, risas, gran movimiento. Cinco paradas... —piensa Francisca.

—¡Ah...! —suspira— con esta llevamos tres.

Muchos bajan y otros suben. Por la ventanilla redonda, lejos, le parece ver al grupo de portugueses ya en tierra, con sus pertenencias, algunos sentados encima de sus baúles. Los reconoce por los pañuelos celestes con los cuales las mujeres se cubren las cabezas del sol. Francisca observa que el barco se está abasteciendo. Luego de tanto tiempo en el mar se les habrían terminado las provisiones, el carbón, el agua dulce piensa. El baño, que al inicio del viaje le había parecido bastante limpio, ya desde hace varios días se ha transformado en un lugar nauseabundo indeseable. La comida ya no tiene el buen sabor de los primeros días. A ella también le han empezado las náuseas y los ascos, siente el vientre más hinchado. Por el suelo hay lagunas, y los retretes no son limpiados con la asiduidad debida. El aire dentro del barco se ha enrarecido, y si se sube a cubierta hay personas nuevas, bultos nuevos, sonidos diferentes, hace calor, el aire es luminoso, pero está velado por una humedad que torna todo pegajoso e irrespirable. Francisca prefiere bajar a su litera para tratar de descansar. ¡Pero ni por casualidad se imagina lo que ha pasado!

Lo que Francisca y Juan no saben es que el día anterior arribó un barco europeo, en cuyo sector de tercera clase habían metido, sin vergüenza, seis veces más de las personas que podía contener. La mayoría de ellos estaban enfermos de cólera. Había habido un brote de cólera en ese barco europeo, incontenible debido a las condiciones de hacinamiento y falta de higiene. También se había reportado un muerto por viruela. Las autoridades, a raíz de eso, decidieron que, provisoriamente, solo la capital fuera la puerta de ingreso de los inmigrantes europeos que llegaban por mar. Así que no se tocó el puerto de Recife ni el de Salvador de Bahía, interceptados por embarcaciones que tenían por objetivo direccionar los navíos hacia el sur y hacer que se dirigieran directamente al sector del puerto nuevo de Río de Janeiro.

La orden no dura mucho tiempo, solo algunas horas después es reglamentada, y se restituyen las rutas programadas a todos los barcos que no presenten casos de cólera a bordo, pero lo cierto es que los únicos pasajeros que han sido informados correctamente son los de primera y segunda clase, estos últimos con menos consideración por parte de la confundida tripulación, pero los de tercera clase se han enterado de la noticia de forma casual y aleatoria, con un anuncio a voces en el comedor.

Allí están los que tienen que llegar a Santos, Recife o Bahía, despotricando, pero enteros para comprender lo que está pasando. En cuanto a Juan, postrado, junto a Francisca, con náuseas, ignorante del idioma, no son capaces de interpretar que las conversaciones e informes vagos escuchados a bordo se tratan de un tema tan importante. Para ellos, eso es el lejano Recife y el puerto al cual se encaminan es Bahía. Pero en realidad todo el Brasil va quedando atrás. El barco sigue su travesía hacia el sur, a Montevideo, para después tocar el puerto de Buenos Aires.

Dentro del dormitorio hace un pegajoso calor tropical; sin buena ventilación y con el barco más vacío se sienten con mayor intensidad los ruidos de los motores. Juan está muy débil, tan mal que se siente morir. Solo ha podido descansar bien durante las detenciones del barco, en las cuales cae dormido, vencido por el cansancio. Dos puertos más, tres días más... y Francisca encuentra a unas mujeres que le responden "¡No...!" cuando desde lejos, en un portugués delicado, ella pronuncia "¿Río de Janeiro?".

Han estado detenidos un día entero en Buenos Aires. Tres días más tarde navegan a todo vapor, ignorantes de su posición austral, por el Atlántico Sur hacia el Estrecho de Magallanes.

Francisca no entiende por qué el barco no llega nunca al puerto de Río de Janeiro, en Brasil. Vencida por el peso de un marido anulado por los mareos, sin entender una palabra de español, sintiendo cada vez más frío y maldiciendo el momento en que se les ocurrió embarcarse en un viaje eterno. Nunca se había imaginado que el Brasil estuviese tan abrumadoramente lejos. Los días y las noches se suceden con una monotonía enloquecedora. A veces la fantasía se apodera de su somnolencia e imagina que el barco, quizás durante una de esas noches, se ha hundido, están todos muertos y aquello es un purgatorio para lavar las culpas por las cosas malas hechas durante sus vidas. Examina su vida y la de Juan, aunque no encuentra grandes pecados para confesar. Pero es que esa situación parece realmente un purgatorio.

Francisca ha estado de pie delante de la ventanilla redonda, saboreando los últimos rayos de sol reflejados sobre el agua. Hace frío, es de noche; de repente, el mar comienza a moverse de una forma diferente, angustiante. Juan despide de un solo golpe los líquidos que su mujer le ha hecho tragar a duras penas durante la hora anterior. Ella siente un fuerte miedo, algo anormal está sucediendo allí fuera. Espera un cuarto de hora con la esperanza de que las cosas se calmen, pero los movimientos del barco son cada vez más amenazantes. También llueve, parece que una tormenta terrible está poniendo el navío a merced de los caprichos de la tempestad. El barco se mueve tanto que Juan se cae de la litera baja y, mareado como está, no se puede incorporar. Hay gente alarmada que abandona el sector para averiguar qué está pasando. Están solos en la cabina. El hombre y los gemelos se han ido cinco días atrás, durante la penúltima detención del barco. Francisca ayuda a Juan a acostarse otra vez, sujeta unos trapos largos a los hierros de la litera de arriba, dejándolos colgando, para que él se sostenga con las manos ante los movimientos bruscos. Después se va, decidida a averiguar en algún lugar qué es lo que está sucediendo.

Solo encuentra a personas desesperadas, que se toman de cualquier cosa para no caer, mientras corren por los pasillos y escaleras del barco, del mismo modo en que Francisca hace para mantenerse en pie mientras se moviliza. Cuando va a poner el pie en la primera escalera que encuentra, un sacudón del barco la tira al suelo mientras se inclina hacia la izquierda. Francisca atina a poner las manos para amortiguar la caída. Cuando logra incorporarse, la pendiente del corredor la ha hecho deslizar hasta el comienzo de la escalera, se pone de pie, se aferra al soporte vertical de la barandilla para incorporarse y logra subir los quince peldaños que separan los dos pisos. Un nivel más arriba, por las puertas abiertas, entre las largas mesas del comedor, alcanza a ver al personal de la tripulación dando instrucciones a los pasajeros, con los índices y los brazos extendidos, enviándolos a agarrarse de los elementos fijos que encuentren en el salón. Las sillas sueltas ya están atadas firmemente a las barras y columnas del comedor. Si bien no comprende todo lo que dicen, por los gestos deduce que se los obliga a atarse a los asientos fijos, barandillas, mástiles y todo elemento que sirva para asegurarse de no caer. Cuando le parece que será imposible saber con precisión lo que está pasando, pues todo el mundo está demasiado alborotado, una ola fuertísima sacude el barco, la hace caer al suelo dos veces antes de que pueda tomarse de unos pasamanos que están al costado. Pide auxilio gritando y llorando. Agitada, se acuerda de Juan, solo, en el camastro; decide volver. Sale al corredor y corre hacia la escalera, invocando con fuerza:

—*Deus me ajude! Deus me ajude! Não me deixe sozinha!* —en ese instante siente a lo lejos una voz que en perfecto portugués le grita:

—*Senhora, vá para o seu posto e amarrese o melhor que puder!* —es decir, que vaya a su lugar y se ate bien. Se da vuelta, para ver de dónde viene, y ve que se trata de un hombre de la tripulación que ha oído sus lamentos, pero no puede auxiliarla porque corre en sentido contrario, llevando con un brazo a un niño que tiene la cabeza sangrante.

No se sabe por dónde, pero ha entrado agua en los pasillos. Francisca, aterrorizada, se las arregla para volver al piso de abajo y entrar en el dormitorio. Hace equilibrio entre uno y otro movimiento del buque, revisa las pertenencias de ambos, pero no hay tiempo ni oportunidad de abrir el baúl, el barco se inclina demasiado. Se tiene que limitar al equipaje de mano; busca, nerviosa, todos los elementos que le puedan servir para atarse y atar a Juan, como cuerdas, trapos, cinturones, ropas largas. Lo hace del mejor modo que sabe, procurando que las cabezas queden protegidas, y se queda sentada, rezando. Juan, en un esfuerzo extremo, le ayuda a reforzar los nudos. Unos minutos después, el barco se mueve tan fuertemente que, si no hubieran tenido la precaución de sujetar todo bien, podrían caerse, golpearse mortalmente con los muros vecinos, las literas, los pequeños objetos que vuelan. Cualquier cosa suelta en ese inmenso habitáculo encierra un potencial peligro. El barco se inclina, parece que va a desplomarse de costado contra el mar; luego, lo mismo hacia el otro lado, una y otra vez. Las olas brutales golpean la pequeña ventanita redonda; en vez de retirarse dejando ver nuevamente el cielo tormentoso de la noche inminente, continúan cubriéndola de agua durante segundos interminables. Parece como si el barco se hubiera transformado en un submarino, sin poder alcanzar a emerger totalmente de la profundidad. Los rugidos de las olas parecen los bramidos de cien leones de leyenda. Francisca reza y llora. Entremezclados con el ruido de la tempestad, rumores de plegarias y llantos de pasajeros que han vuelto a su sitio, encomiendan sus almas a Dios y piden por los suyos. Juan, a quien ya no le queda nada en el estómago para tirar, comienza a escupir la bilis, pero ya no se queja. Francisca piensa que si ellos, allí abajo, sienten la tempestad de esa manera, qué queda para los hombres que tienen que estar en aquel momento en las partes más altas del buque. ¿Cómo harán para no caer...?

La noche interminable prosigue. El barco aún resiste, aunque parece que puede hundirse en cualquier momento. También hay agua en el nivel de los dormitorios de tercera.

Ellos no lo saben, pero están pasando por el Estrecho de Magallanes, sitio donde se unen los océanos Atlántico y Pacífico. Suele ser una zona de mar revuelto, especialmente con tormentas, aunque nunca de esa manera. Esa violencia puede esperarse más al sur de la isla de Tierra del Fuego. El capitán confía en su propia destreza y ha decidido encarar el cruce con amenaza de tormenta, para arribar a Chile en menos tiempo, porque están un día retrasados. Se ha arrepentido... tarde. Esa fuerza increíble y repentina del mar no se la esperaba. Por eso, no han tenido tiempo de prevenir a nadie. Está poniendo lo mejor de sus conocimientos náuticos para evitar la catástrofe, que le costaría no solo el puesto y el barco, sino, presumiblemente, su vida y la de todas esas personas, quienes perecerían sin duda, si tuvieran la desgracia de caer en el mar helado.

Ante la certeza de vivir un presente gobernado infaliblemente por las fuerzas de la naturaleza, Francisca se entrega a la resignación de no poder hacer nada. Se prepara para morir. Eso hace que se sienta en las manos de Dios; así, poco a poco, es invadida por la calma. Gradualmente, deja de prestar atención a los gritos de confusión, que se hacen lejanos y sordos. Más bien, se deja fusionar con el movimiento de las olas, con los ojos cerrados, refugiada en una paz alimentada por la oración, que es el sustento de su alma, no solamente en los momentos duros. Solo por cortos períodos entra en su mente la sensación fría y espantosa de imaginarse sumergida en el océano helado, aguantando la respiración hasta el inevitable instante final. Pierde la cuenta de las horas. Al atenuarse en su mente los gritos de la gente y los ruidos, se sumerge en una realidad hecha de bosques, montañas, aves, flores, perfumes de infancia, abrazo de madre, tan pronto perdida y tan extrañada; comienza a cantar la canción de cuna que le cantaba su madre cuando le acariciaba el rostro antes de dormir. El tiempo pasa. Horas, hasta que se va atenuando la intensidad de los movimientos, llega el preludio de la calma, pasa el miedo, llega la calma, sale por fin del terror y cierra los ojos.

Cuando los abre de nuevo, una luz tranquilizadora está comenzando a iluminar el interior del dormitorio y los perfiles de las olas. Comprende que está amaneciendo. Se entrega a un sueño pacífico de su niñez en los pinares de Guarda, en el cual Amelia le pone claveles en el pelo y Ana canta cerca de allí.

Juan está dormido en la profundidad de sus recuerdos de muchacho. El mar en calma ha sido un bálsamo tras la noche de tempestad. Parece que el barco entero se ha dormido al sol. No se escucha el mínimo murmullo, además del susurro de las olas. Navegan con placidez por un mar tranquilo.

La vida le parece a Francisca un nuevo regalo. Tiene hambre, deja a Juan y va al piso de arriba a pedir el desayuno. El salón está equipado con inmensos mesones de madera. Las sillas ligeras, metálicas, ya han sido desatadas de las barras y están, muchas de ellas, ocupadas por gentes felices comentando los sucesos terribles de la noche pasada. Francisca se da cuenta de que hay muchos rostros nuevos, que deben de haber subido en el último puerto. Después de darle el desayuno a Juan, sube al aire libre a disfrutar del sol y del aire. Son dos días de navegación serena, durante los cuales su marido parece mejorar y hasta ha podido ingerir un almuerzo completo. Entonces, tocan un puerto en donde muchos se disponen a bajar. Las voces de los tripulantes se acercan, hablan fuerte, parece que advierten a todos de algo que Francisca no entiende.

—¿Estamos llegando? ¡Parece que estamos llegando a un puerto Juan! —Francisca no comprende bien esas palabras que escucha entre la gente. Antes había decidido que trataría de encontrar al tripulante que le había hablado en portugués, porque no comprendía que el viaje hubiese sido tan largo y el Brasil estuviese tan lejos, mucho más de lo que le habían dicho a Juan los que le entregaron el billete de viaje. Allí había algo raro. Sospechaba que los habían llevado por otra ruta.

Busca al tripulante por el barco, con una fuerza y determinación que la hace sortear todos los límites y obstáculos; intenta preguntar a los que encuentra, ninguno le entiende bien, hasta que, a fuerza de tanta insistencia, la llevan frente al capitán del barco, a quien logra hacerle saber que está buscando a la persona que habla portugués. Mientras tanto, Francisca ve que muchos viajeros descienden del barco y este se va quedando casi vacío, lo cual la llena de inquietud. El tripulante bilingüe se presenta delante del capitán, donde encuentra a la mujer del pasillo, ansiosa por preguntarle si ya han llegado al Brasil. El hombre hace un comentario en español, por el que todos los presentes se miran entre ellos. Luego le dice en portugués a Francisca que al Brasil lo han pasado hace casi dos semanas. La cara de Francisca pasa del estado de tranquilidad al de asombro, luego angustia, desesperación, estalla en lágrimas sin poder hablar, sumida en el más profundo desconsuelo, del otro lado del mundo, tan lejos de su universo conocido. Se sostiene el bajo vientre, tomándose de unos muebles para no caer desvanecida por el golpe de gracia. Muda. No logra emitir con su boca una palabra completa que no sea interrumpida por las lágrimas. Le ofrecen asiento, agua; cuando se tranquiliza, le preguntan si está sola en el barco; ella les cuenta lo de Juan, que ha estado todo el tiempo enfermo en el camastro, que no se puede mover porque se marea y se viene abajo.

El capitán, el que habla portugués y un marinero, acompañan a Francisca al sector de tercera clase. Llegados allí, logran conversar con Juan, que se sostiene a duras penas por la debilidad y las náuseas, pero atenuadas, debido a que estaban detenidos en puerto. Mientras Juan va comprendiendo lo que les ha sucedido, se agarra la cabeza y dice, conmocionado, que tienen que llegar a Brasil, que allí los está esperando su hermano.

—Pero... ¡cómo nos ha pasado esto! —exclama perplejo, Juan— ¡Si nosotros íbamos al Brasil! ¡Era el quinto puerto que tocaba el barco!

—¡El Brasil lo pasamos hace muchos días! –le asegura de nuevo el hombre al mando— A último momento anunciamos que tocaríamos solo un puerto del Brasil. Hubo mucha confusión, porque permitieron atracar solo en Río de Janeiro. Siento mucho que no se hayan dado cuenta.

—¡Y ahora qué vamos a hacer!

—Oiga señor, no se desespere, le propongo una solución. Quédense aquí —dice el capitán—, quédense en el barco, los dejaremos en el Brasil de vuelta...

El capitán, compadecido por la desgracia de este par de desdichados, consciente de sus propias culpas y del peligro al cual los ha expuesto con su imprudencia de atravesar la tempestad a pesar de las advertencias, les ofrece continuar en el barco sin pagar nada, haciendo el camino de retorno con ellos, hasta alcanzar el puerto de Río de Janeiro.

—¿De vuelta...? —Juan y Francisca se miran con espanto.

—¿Y cuántos días nos llevará?

—La ruta de vuelta es la misma que hemos hecho para llegar aquí. Tenemos que tocar Valparaíso, luego volver aquí. Partimos pasado mañana. El viaje hasta el puerto de Río nos llevará alrededor de dos semanas a partir de ahora, con una parada de un día en el puerto de Buenos Aires.

—*E você cruzar o mar agitado de novo?* —Francisca, más que en las náuseas, piensa en el terror de la tempestad.

—Sí, es inevitable, pasamos otra vez por el Estrecho de Magallanes, pero contamos con la probabilidad, bastante certera, de no ser alcanzados por ninguna tempestad del grado de aquella que hemos sufrido... aunque... no se puede pasar por alto que allí las corrientes se unen y casi siempre provocan movimientos violentos —el marinero, con paciencia, traduce todo lo que dice una y la otra parte.

Juan y Francisca se miran con ojos redondos de angustia. De un solo golpe de vista, cada uno sabe lo que el otro piensa. No soportan la idea de seguir navegando, sacudidos, nauseados, menos la de pasar otra vez por aquel punto maldito del océano. Una vez es suficiente. No más mar, especialmente para Juan.

—No —dice Juan con determinación— ya hemos llegado a América. Nos bajamos aquí.

Acostumbrado a las cortas distancias de su Portugal, declara, aún a medio mundo de su destino:

—Alcanzaremos el Brasil de algún modo por tierra.

—¡Pero mire que por tierra puede demorarse mucho más de quince días! ¡Meses!

—No. Basta de mar. ¿Dónde estamos? ¿Qué país es este?

—Aquí es Chile… Chile. Es el puerto de Talcahuano.

DEBES CRUZAR LAS MONTAÑAS

Llegaron a la provincia de Concepción, al lugar que su pueblo originario, los mapuches, siglos atrás, habían llamado *Tralkahuenu*: Cerro Tronador. Estaban en el puerto de Talcahuano. Una gran bahía salpicada de veleros, vapores y botes, la montaña verde tocando el mar y un olor a pescado que se metía hasta los huesos. Vieron verdores inclinados y pinos allá arriba, como en su tierra, pero todo tan diferente. Desde el barco se apreciaba un ambiente portuario donde la madre tierra había sido tocada con menos cuidado y delicadeza de la que era de esperarse; heterogeneidades apiñadas una al lado de la otra. Sin poder explicarlo con palabras, Francisca sentía que, debajo de todas aquellas construcciones, era tentador adivinar la belleza que habría tenido el lugar incontaminado, cuatrocientos años atrás, aquel *Tralkahuenu* de los mapuches.

—No cargues bultos, Francisca, se terminó el suplicio del barco, ahora me toca a mí —ríe Juan, en camino al edificio principal de migraciones del puerto.

Cuando el viento paraba hacía bastante calor y se habían ido desprendiendo de sus chales y chaquetas sofocantes, que habían ido a engrosar los bolsones.

—¿Ustedes son dos, nomás? —dice el empleado de migraciones, como buscando algún niño pequeño detrás del baúl.

—Sí señor, por *agora minha* esposa *e* yo —las manos de Francisca se sostienen el vientre inconscientemente.

—¿Se van a establecer permanentemente o están de paso?

—No, no, estamos de pasaje, estamos *indo* para o Brasil, *mas estar no barco por engano*... por error. *¿Você poderia nos dar orientações del caminho* a seguir para llegar al Brasil por vía terrestre? No *estou dizendo* hoy, *assim que descansarmos* un poco.

Los ademanes de Juan completaban el sentido de sus palabras, para hacerse entender en su deseo de alcanzar el Brasil, pero no justo ese día, sino después de haber descansado el cuerpo maltrecho.

—¡Brasil! —el hombre se sorprende y no lo disimula—. Mire, el Brasil por tierra está muy lejos. Le diría que le conviene por mar.

—No, no, *passamos muito mal no barco*... muy... muy mal.

—Por tierra, primero tiene que cruzar la cordillera, a la Argentina, y así se va acercando, pero le advierto, puede ser un viaje de meses, ¿eh? Está el tren, si lo puede pagar... que lo puede acercar un poco a la montaña, pero me parece que se corta allá arriba... dicen... Hay que hacer una parte a lomo de mula... Del otro lado no sé cómo será... dicen que muy grande y no hay nada por muchos kilómetros... —Juan y Francisca se miran asustados.

—Bueno, para completar los papeles, cuál es su profesión, señor... ¿De Almeida?

—D'Almeida. *Trabalhador têxtil*, mas *gostaria de cultivar*. Queremos *trabalhar na cafeicultura*... café... Brasil...

—¿Su situación militar?

—*Servi no Exército em* Lisboa, durante *dois anos, recentemente.*

—Ah, muy bien. Si decide quedarse aquí en Talcahuano, venga a verme, que lo llevo a hablar con mi jefe, porque siempre estamos necesitando gente preparada para vigilar el puerto. Bien. Aquí tiene los papeles —dice el funcionario, después de asentar un pesado sello en una hoja escrita.

En las cercanías del puerto encuentran una pensión, donde pueden descansar bien por primera vez después de casi un mes. Ya con la mente fresca, habiendo reflexionado con la almohada durante toda la noche, Juan le dice a Francisca:

—Voy a buscar trabajo aquí, hasta ver cómo hacemos para viajar a Brasil.

Juan fue bien recibido, tenía buena presencia, prestancia y carácter. Se las arreglaba con algo de español y aprendió lo básico rápidamente. Preparado militarmente, enseguida lo tomaron como vigía del puerto. Para los empleadores, Juan parecía ser, antes que nada, un hombre de fiar, un hombre honrado, con altos valores morales.

Pronto alquilaron una casita pequeña con dos ambientes: cocina y dormitorio. En aquel sector de la ciudad cercano al puerto, donde los nuevos inmigrantes podían permitirse una vivienda, todas las casitas eran de madera, se ve que explotaban este recurso, que poseían en abundancia en las montañas de arriba. Sin embargo, no tenían el carácter de cabaña de troncos y piedras que Francisca recordaba de sus antiguos y queridos pinares portugueses. Estas casitas eran graciosas y pintorescas, pero esenciales, sin pretensiones estéticas. Habrán dado prioridad a la economía y a la ligereza. Digamos que, si con unas tablas clavadas de los mínimos espesores se podía formar una pared, ¿para qué iba alguien a hacerla de troncos? En cambio, se revestían con tablones horizontales al estilo inglés, empezando por el más bajo y así siguiendo, para favorecer la caída del agua. Las ventanas eran más altas que anchas, de doble hoja, con varios espacios provistos de vidrios pequeños; había dos en cada casita, a los lados de la puerta, generalmente. Los techos eran de tejas coloniales, como ostentaba la vivienda de Juan, pero también podían ser de chapas de cinc acanaladas, muy eficientes para protegerse de las asiduas lluvias de la región. Las viviendas, construidas justo al lado de las veredas, sin jardines de transición, en ocasiones se escalonaban hacia arriba por las laderas inclinadas, con callecitas empinadas de tierra apisonada y aceras no siempre continuas, que se transformaban en rampas o escaleras irregulares, sin respetar, en algunos casos, las alturas practicables para un ser humano. A fin de alcanzar el nivel superior, muchas veces se tenía que hacer un rodeo por la calle, rogando que no hubiera mucho barro por la lluvia de la noche precedente.

Otras casitas muy similares a las anteriores, pero todas iguales entre sí, bastante coloridas, habían sido construidas antes de 1900, para alojar a los trabajadores del llamado dique seco, inaugurado en el puerto para atender las necesidades de mantenimiento de los buques. Acercándose al centro, las viviendas, con el mismo sistema de madera, se hacían de dos pisos, y algunas tenían pequeños balconcitos con barandillas de hierro forjado.

Ya en el centro neurálgico de la ciudad, los edificios más importantes: pulperías, confiterías, tiendas de textiles, mercerías, imprentas y oficinas gubernamentales alrededor de la plaza, bien construidos de mampostería revocada, mostraban un eclecticismo de base neoclásica y algunas reminiscencias coloniales como el cuarto de arco sobre las ventanas, cuando no enriquecidos con improntas del *Art Nouveau*, como el local de los hermanos Martínez, enfrente de la Plaza de Armas. Eran edificaciones imponentes para la época, de uno o dos pisos siempre muy altos, que establecían un límite marcado entre el interior y el exterior, al borde de la acera, a dos escalones de la misma, con basamentos, marquesinas, cornisas y decoraciones imitando los estilos en boga en Europa durante el Siglo XIX, donde no faltaban postigos de celosías verdes, cuando se trataba de oscurecer los pisos superiores, los que serían sede de notarios, médicos y abogados. El neogótico, tan típico de la influencia inglesa, había dejado su huella en algunos detalles de la iglesia que estaba enfrente de la plaza, pero también en las pintorescas construcciones relacionadas con el ferrocarril. Desde estos espacios céntricos se veían a lo lejos, en los cerros cercanos, las casas quintas rodeadas de jardines, donde vivía la gente de mejor pasar que quería permanecer alejada del ruido mundano.

A veces Francisca veía llegar a Juan con los flecos del poncho cercenados por el facón de algún pillo. En la región se venía desarrollando una industria destinada a crecer. Aunque había galpones cerrados, el puerto tenía un playón muy grande donde se depositaban las mercancías que traían los barcos, destinadas a la región de Concepción, o las que llegaban allí desde otras regiones, por tierra, para ser enviadas a otros puertos. En ese playón había una garita de vigilancia, vías y vagones para la carga, maquinarias con engranajes, carros, grúas y diversos elementos que se utilizaban durante el movimiento de las mercaderías, jugoso botín para ladrones organizados y tentación de contrabandistas nocturnos. El playón tenía un cerco perimetral en los sectores que no lindaban directamente con el agua, pero era fácilmente abordable en bote, desde el mar. En Concepción había una floreciente industria molinera para abastecer la región y más. Regularmente, había más de quinientas bolsas de cereal para embarcar al otro día o cajones con todo tipo de mercancías. A Juan le tocaba vigilar, en parte de día y en parte de noche. De día casi nunca pasaba nada, pero de noche los pillos solían esconderse detrás de los bultos, en los conos de sombra, donde la luz de los faroles no llegaba porque había mercaderías tapadas apiladas sobre maderas, para preservarlas de la lluvia. Se limitaba a ahuyentarlos, pero algunos le hacían frente. Si sospechaba de grupos organizados, tocaba la campana de la garita a modo de alarma o tiraba un tiro al aire.

—Pero ¿qué ha pasado Juan? ¡Tienes los flecos del poncho cortados por la mitad! —decía Francisca cuando lo veía aparecer algo maltrecho pero entero.

—Peor les fue a los ladrones —y Juan le contaba que había tenido que enfrentarse con algún ladrón provisto de facón. Su reciente preparación militar le había dado el temple para esas tareas.

Se habían casado en Portugal durante el carnaval de 1910 y un año después, en 1911, nacía Julia, la primera hija, un 16 de febrero. Pues sí, Francisca había hecho la travesía embarazada. Las náuseas y los mareos, que había considerado en parte consecuencia de los movimientos del barco, no eran sino los síntomas claros de su gravidez, que ya bastante avanzada estaba.

—Se lo dije, doña Francisca. ¿Ha visto cómo yo tenía razón? ¡Apenas la vi me di cuenta! —dice con una sonrisa inmensa doña Leonor, la vecina española que trata de enseñar a la joven el castellano básico para defenderse en los pormenores de la vida diaria. No es sencillo, puesto que Francisca ni siquiera sabe leer y escribir en portugués, así que las enseñanzas son solo verbales, mil veces repetidas. Después de todo, su vecina y maestra tampoco ha ido a la escuela.

—Cuan – to. ¿Cuán-to es? —explica doña Leonor, haciendo el gesto del dinero con una mano, mientras se frota el dedo índice y el dedo medio con el pulgar.

—¡Sí! *Quanto é? Quanto custa isso?* —descubrir el significado tiene un sabor especial.

—¿Cómo *você diz isso*? ¿Cómo se *diz iso*? *A panela, a escumadeira...* —pregunta Francisca, señalando con el dedo cada cosa.

—La cacerola, la espumadera —responde doña Leonor, y Francisca lo repite mil veces hasta aprenderlo de memoria. Así pasan las primeras tardes, hasta que Juan vuelve del trabajo y se sorprenden mutuamente con sus respectivos aprendizajes. Así, uno aprende también de las experiencias del otro.

Francisca recibe y agradece este gesto de solidaridad de su vecina, doña Leonor, quien es casi quince años mayor que ella y tiene hijos grandes, que trabajan en el puerto. Está presente en los momentos más difíciles ayudando en todo. Doña Leonor no se amilana ante nada, es más bien una mujer activa. No es de las que se quedan a esperar que las cosas sucedan, sino de la raza que las provoca. Juan teme llegar algún día y encontrar a su mujer metida en algún lío por imprudencia de doña Leonor. Así es que, cuando a Francisca le llegue el momento de parir, será la partera y además quiere ser la madrina. Mientras espera a su bebé, Francisca ha emprendido lo que ella cree que es un promisorio negocio de venta de pescado. Pero solo le compra doña Leonor, por compasión, hasta que logra hacerle entender que es de locos ponerse a vender pescado en un pueblo donde todos salen a pescar, es lo que todo el mundo se procura con el mínimo esfuerzo y el menor costo. Es duro para Francisca, que viene de las montañas. Así que se terminan comiendo el pescado, haciendo honor a las recetas andaluzas de doña Leonor.

Una tarde de febrero, están en esos aprendizajes de castellano y de vida, cuando a Francisca le vienen las contracciones del parto mientras Juan está todavía en el trabajo.

—Tranquila doña Francisca, usted tómese de aquí, ¡respire y haga fuerza que ya viene! —Francisca, entre dolor, lágrimas y emoción, siente una vocecita chillona, mientras doña Leonor saca y envuelve a la pequeña en una manta.

—¿Había dicho que si fuese niña se llamaría Julia? Pues, Julia será.

Cuando Juan vuelve ese día del trabajo, con enorme alegría, se encuentra la familia agrandada.

Ni bien Francisca se repone de los sufrimientos del parto, doña Leonor la quiere convencer de que vayan las dos, sin demora, con los papeles del matrimonio, a anotar a la bebita en el Registro Civil de Talcahuano. Francisca duda, no sabe qué va a decir Juan, a lo mejor quiere ir él, el primer día libre que tenga.

—¡Vamos, mujer! —le dice su amiga—, esta noche cuando él llegue, le tiene la sorpresa de los papeles de la niña y de paso le evita ese trámite a su marido.

Así que allá van las dos, ambas sin saber leer ni escribir, pero con mucha decisión y alegría, llevando en brazos a la pequeña Julia, derechito al Registro Civil. Más tarde regresan trayéndose en las manos, como quien exhibe un trofeo anhelado, los papeles de la niña.

Cuando Juan llega del trabajo, se encuentra con la sorpresa sobre la mesa de la cena: Julita, nacida el 16 de febrero, ya estaba registrada en este mundo. Pero su sonrisa se congela al ver su apellido transformado, con una letra de más y sin el apóstrofe.

Francisca había sido mal interpretada al pronunciar su apellido de casada. Como consecuencia de eso, la pequeña Julia no se apellida D'Almeida como su padre, sino "De Almeida". Y doña Leonor, que también había entendido mal, no había podido aclarar nada. Juan se presenta unos días después en el Registro Civil para pedir la corrección del error y choca con la intransigencia de un empleaducho resentido, con aires de gran señor, que lo hace ir y venir mil veces para al final decirle que no se puede corregir, que el apellido así se escribe en castellano. No hubo manera de hacer entrar en razón a ese hombre.

De modo que Juan, pasados los enojos por aquel percance, con resignación y cierta lógica producto de las circunstancias, para que todos sus hijos tengan el mismo apellido, decide que a cada hijo que llegue en el futuro lo inscribirán "De Almeida", aduciendo la castellanización de su apellido.

—Francisca, me han ofrecido trabajo en la aduana y lo he aceptado —comenta Juan tres meses después—. Voy a ganar algo más que ahora.

El edificio principal de la aduana también está en el puerto, se extiende horizontalmente, con sus dos pisos y sus arcos de medio punto, delante de una gran explanada de tierra, de frente a un muelle de madera provisto de barandillas de hierro y farolas coloniales, sobre el cual llega de punta una doble línea de rieles de ferrocarril. Juan empieza a trabajar allí, cumpliendo funciones de vigilante y contralor, pero no pasan tres meses y le ofrecen trabajar como guarda de trenes. Juan acepta, por supuesto, porque la paga es un poco mejor.

En 1910 los ferrocarriles ya eran un recurso muy importante en Chile. A mediados del siglo anterior se había construido el primero y la red todavía estaba en expansión, siendo 1913 el año en el cual se unió el país por primera vez desde Iquique, al norte, hasta Puerto Mont, al sur. Naturalmente, el ferrocarril estaba completamente ligado a la actividad portuaria: había una vía que entraba al puerto y allí mismo se abría en varios ramales para permitir las maniobras. Pero lo más pintoresco era la vista de los vagones de pasajeros, donde trabajaba Juan, a los cuales se accedía a través de escalerillas metálicas y balcones, en los extremos de cada carroza: cada una de estas construida a modo de casita inglesa, con techitos negros semi abovedados, que llevaban un corte longitudinal para generar una abertura de aireación, y sobresalían hacia los lados como aleros. Siempre, detrás de la locomotora, la vagoneta descubierta del carbón. Recién cuarenta años después los ingenieros pondrían a punto las locomotoras diésel en todo el mundo, pero, mientras tanto, era la electricidad la nueva protagonista de los paseos cercanos, ya que habían inaugurado el tranvía eléctrico Concepción-Talcahuano, el cual, pasando por la ciudad, llegaba hasta una estación al borde del mar, los Baños de San Vicente. Allí empalmaba con el tranvía a caballo, que todavía se seguía utilizando: dos caballos tirando de una carroza muy elemental, abierta, con techito curvo, escalones a los lados, bancos de madera para doce personas y balconcito para el guarda. En cambio, el eléctrico, era un despliegue de tecnología para la época, cerrado con amplias ventanas, con mayor capacidad y confort, pero siempre con ese aire de casita inglesa, tan pintoresco.

A la entrada de Talcahuano, el ferrocarril tradicional discurría encajonado debajo de un puente con tres arcos al estilo romano, de más de diez metros de altura, que unía las dos laderas altas de la ciudad y que siempre estaba manchado por el humo insidioso de las locomotoras de vapor. Pasaban por allí abajo cuando Juan recordó lo que Francisca le había comentado la noche anterior.

—Me parece que estoy de espera otra vez.

Ocho meses tenía la pequeña Julia, cuando a Francisca le empezaron las náuseas de nuevo. Así que el 5 de junio de 1912 nació la segunda hija: Clara. Todavía estaban en Talcahuano, aunque más adelante se trasladaron a Valparaíso para mejorar su puesto en la compañía de trenes, lugar donde nacieron Emilia y Juancito, en mayo de 1913 y mayo de 1915, respectivamente: cuatro niños en cuatro años.

Francisca y Juan rebosaban de dicha, puesto que habían tenido el varoncito que tanto tardaba en llegar. A doña Leonor, por estos años, solo pudieron verla un par de veces: una vez en que ellos viajaron a hacerle una visita y otra vez, cuando ella fue a Valparaíso a la consulta de un oftalmólogo reconocido. Con esto, las posibilidades de meterse en líos habían desaparecido. Más bien, se sentía la ausencia de su voz alegre asomando por la ventana a eso de las diez.

Extrañaban profundamente su aldea de la niñez en Portugal, con sus pinos, flores y ríos cristalinos. Para Francisca, el ambiente de esos pueblos portuarios era desagradable. A ella le parecía diez veces más grande que Talcahuano, pero menos suyo. Si bien las casitas se salpicaban en los cerros, pintorescas y coloridas, había muchos vagos, la mayoría de los hombres estaba sin trabajo, o bebían en las calles y tabernas. Muchos se dedicaban al contrabando. Había mujeres dispersas por las calles, en cuclillas hacia los costados de las veredas, apoyadas en los muros de las vidrieras comerciales, mirando cualquier cosa, pasando el tiempo, con niños sucios jugando alrededor. Algunas fumaban tiradas en el suelo y muchas bebían alcohol. Es cierto que también había personas con mayor educación y don de gentes, pero no abundaban en esos lugares de la ciudad. Por lo visto, la sociedad de la época era muy heterogénea. Con los cuatro hijos que atender, Francisca no podía trabajar para ayudar a Juan. Reía todas las veces en las cuales volvía a pensar en su ilusorio emprendimiento como pescadera, unos años atrás. Claro, en su pueblito natal de las montañas, el pescado de mar era un tesoro preciado que muy pocos se daban el gusto de poner en la mesa, pero allí era lo que se podía permitir todo el mundo con solo estirar la mano.

Aunque a Juan nunca le faltó trabajo, las magras pagas de empleado no le hacían la vida fácil. Habían llegado a Chile en momentos en que la clase obrera estaba sometida a duras condiciones de subsistencia. Carente de los más elementales derechos políticos y sociales, luchaban por desenquistar a la oligarquía del poder. En el ambiente portuario las deficiencias sociales se enfatizaban aún más. A veces había líos, revueltas, no era segura la vida allí. Francisca mantenía la íntima esperanza de poder llegar al Brasil, la tierra de las maravillas prometidas. Sentía asco de ese ambiente portuario de principios de siglo y pavor de entregar a sus hijos a un mundo plagado de costumbres tan alejadas de los principios con los cuales ella había sido educada.

Francisca insistía constantemente a Juan: "Crucemos a la Argentina...", porque habían oído que en Argentina las cosas estaban mejor; de paso, se podían acercar un poco más al Brasil. Coincidía con los deseos de Juan, quien quería ir adonde hubiese tierras para plantar y, con trabajo, poder comprar alguna propiedad cultivable para comenzar una vida más apacible junto a su familia.

—No tienes alternativa, debes cruzar las montañas —le dijeron.

A LOMO DE MULA

Muy pocos años hacía que, después de muchas idas y venidas, cruces políticos, diplomáticos y financieros, Argentina y Chile habían logrado poner en funcionamiento el Ferrocarril Trasandino. Durmientes de acero, trocha angosta —de solo un metro—, cremalleras especiales, túneles y algunos recorridos zigzagueantes a través de las abruptas elevaciones de las montañas, elevaban el costo de los billetes a las nubes. La familia D'Almeida, aun siendo Juan empleado del ramo en otra compañía, no habría podido darse el lujo de pagarlo, como la mayor parte de las personas de la ciudad. Juan habló con los arrieros. El viaje en mulas era posible, resultaba accesible para ellos. La decisión estaba tomada: los D'Almeida cruzarían hacia la Argentina a buscar una vida mejor. Cargarían sus bultos, herramientas y enseres domésticos a lomo de mula. Además de ellos, emprenderían esta travesía diez familias de españoles con las mismas ilusiones.

Noviembre de 1915. Hay gran revuelo y emoción en las afueras de Quillota, como cada vez que los arrieros están por salir y reúnen allí al gentío que quiere formar parte de las caravanas. El viaje desde Valparaíso ha resultado sereno; las otras familias han llegado desde diferentes ciudades y pueblos de la región central; los bultos y las personas han viajado a lomo de animal y carro. Los más afortunados han podido aprovechar, en parte, los trenes locales, que no son tan caros.

—Tres mulas bastarán para las personas de su familia, don Juan D'Almeida —dice el arriero mientras ajusta las cinchas a los bolsones que cuelgan a los lados de los animales. Los arrieros tienen la piel reseca y las manos grandes. La brisa del verano bajo el sol ha coloreado ya las pieles de los demás antes de partir. Trae los olores de las hierbas: menta y poleo, mezclado con otras que Francisca no conoce. Le gusta el campo, más, cuanto más se acercan a las montañas verdes. Es un concierto de naturaleza viva, que le colma el espíritu y la aligera como una pluma.

—En esta mula fuerte van bien cuatro *guaguas*, dos de un lao y dos del otro —comenta, refiriéndose a cuatro niños pequeños—. ¿Me pasa el paraguas compadre? Y aquellos tientos también, *p'atarlo* bien *ataito*... así ¿ve?, que no se nos vayan a asolear las criaturitas y menos mojarse con la lluvia...

—Pero esa sombrilla es muy *vieeeja compaaadre...* —dice otro arriero, con un gracioso tono local, mientras Juan carga los bultos más grandes en una carreta y Francisca sonríe ante la bonita imagen de los chiquillos encima de la mula.

Para trasladar a los niños, están preparando un animal con un cajón de cada lado, donde ubican a Julia, Clara y Emilia junto a otra pequeña perteneciente a una de las familias de viajeros, a dos por cajón. Para protegerlos, instalan un inmenso y antiguo paraguas fuertemente atado a la mula. Francisca irá en otra mula con su pequeño Juancito, que todavía se alimenta de su leche.

¡Y se parte! El traqueteo de las mulas marca su ritmo característico entre los pastizales, vadeando arroyos, entre coloridos y gráciles vuelos de mariposas. Las niñas cantan bajo la sombrilla, pero después se adormecen con el movimiento acompasado de los animales. Cuando van por el llano, aprovechan para ganar más distancias en menos tiempo, cuando el terreno comience a subir abruptamente se hará mucho más lento, a paso de hombre. Pasando Llay Llay, hacen el campamento de la primera noche; después de San Felipe, la segunda.

—¡Hay que hacer posta en la estación de Los Andes!

—¿Cómo que en la estación? —responde la mayoría de la gente, sorprendida— ¿Qué tienen que ver los trenes con nosotros?

—Lo que pasa es que hay que *vacunaaarse pa'pasar* al otro *lao* —explica el arriero que había atado el paraguas—. Algunos ya lo hemos hecho, pero ustedes, las familias, lo tienen que hacer, si no, allá arriba no los van a dejar pasar.

—Lo que yo recuerdo es que en el servicio militar nos pusieron una vacuna —comenta Juan en voz alta con otros hombres.

—Claro, la viruela, don Juan. Usted debería ver cómo quedan los que se salvan, que son los menos. Marcados y hasta ciegos, pobrecitos. Parece que a los nativos de acá les *agarra* más fuerte. Y dicen que a muchos que vienen en los barcos ya no les *agarra*, o les da más leve.

Estamos en una época en la cual la Argentina lucha contra la difusión de la viruela, una maldita enfermedad, que puede ser mortal para los no vacunados, y puede destruir a grupos enteros, como sucede con las comunidades de pobladores originarios, relegadas a la segregación social y a veces al olvido.

La salita de primeros auxilios, que también se usa para vacunar a los viajeros, se encuentra en la parte construida del ferrocarril, a la que se puede acceder también desde un descampado, donde, por indicación de los arrieros, las personas bajan de las mulas y se ponen en fila fuera de la colorida construcción de madera y techos inclinados. Luego van pasando: primero, el jefe de familia, después, cada madre con sus hijos. Les dan una papeleta firmada y sellada por persona, que el Gobierno argentino, años atrás ha comenzado a exigir a las personas que quieren entrar al país por tierra, puesto que los llegados al puerto de Buenos Aires son vacunados por el Ministerio de Salud argentino.

—Pero el bebé es muy pequeño todavía, para ponerle nada —dice Francisca.

—Al bebé no señora, pero a *usté* sí, si no, no la van a dejar pasar allá arriba —responde la enfermera.

—Pero él todavía toma mi leche.

—No se preocupe, ya es grandecito, ¿cuántos tiene, seis, siete meses?

—Está por cumplir los seis.

—¡Ah, es fortachón *la guagüita*!

Sudamérica, a esta altura, ya ha tenido varias epidemias de viruela, que se presentan cíclicamente y producen desastres, especialmente en los ambientes más humildes de personas nativas no vacunadas, o donde viven familias en hacinamiento y malas condiciones higiénicas. En Europa hay una inmunización bastante generalizada, promovida por los gobiernos. Aunque muchos de los europeos que llegan al país ya estén vacunados, se les obliga a la revacunación, por seguridad.

Francisca viaja sobre otra mula, montando como es la usanza para la mujer: todo el cuerpo hacia un costado del animal. Hacerlo a horcajadas, al modo masculino, siendo una dama, habría sido muy mal visto, a tal punto que es preferible soportar un eventual dolor de espalda. Lleva al bebé en brazos y le da de mamar sin detener el recorrido. Las patas de las mulas se apoyan con gran seguridad en las diversas alturas del terreno, uno, dos, uno, dos, en un vaivén eterno. *Clac, clac, trac, trac...* y voces de niños debajo del paraguas. El polvillo se adhiere a la piel, a los vestidos. Y luego, entre olores a hierbas y excrementos de animales, vienen ráfagas de viento fresco que limpian hasta el alma. A veces se ven cóndores vigilando desde lo alto, como magníficas criaturas dueñas del cielo. Durante la travesía beben agua de un barril, con una bombilla. Hay una vaca lechera y tres o cuatro cabras. La caravana aprovecha los socavones firmes en las rocas, para descansar a la sombra. Para dormir, los arrieros hacen un gran círculo de fuego, dentro de éste, otro círculo de mulas, el resto de los animales, las dos carretas y por fin se ubican las personas en grandes tiendas, que, a la pequeña Julia, con sus cuatro años, le parecen negras cuevas alumbradas por velas, donde los espectros de la noche se transforman en hadas buenas con el canto dulce de Francisca. Es la misma canción que a ella le cantaba su madre para dormir.

—Mamá, quiero agua... tengo frío... me duele la cabeza —un día se empiezan a sentir los lamentos de los niños de la caravana. El bebé parece estar bien. Francisca lo deja en una cunita improvisada, colgada del lado en que la mula proyecta sombra; la mula sigue caminando sola, mientras ella acompaña a pie la mula de las niñas. Las siente afiebradas. Les pone paños húmedos en la frente y las abriga. Esa noche las familias acampan para comer y dormir, pero nadie está tranquilo, por los lamentos de los niños.

Los D'Almeida están destinados a enfrentar pruebas durísimas. Sin embargo, ninguna hasta el momento ha sido tan difícil como la que les va a tocar vivir en ese viaje. Al día siguiente, los cuatro niños presentan síntomas de fiebre tifoidea. ¡Estamos en 1915! ¡El tifus es un monstruo! Se resiste si se es fuerte o si no, se muere. No hay vacuna para prevenirla, ni antibióticos para curarla. Nadie sabe qué es lo que ha provocado las fiebres en casi todos los niños de la caravana. Poco después, también cae enfermo Juancito, el bebé, que solo se alimenta con la leche del pecho de su madre.

Seis años antes, un médico investigador, llamado Charles Nicoll, que trabajaba en el Instituto Pasteur de Túnez, había descubierto que se transmitía a través del piojo y otros minúsculos animales parásitos, pero esa información solo se manejaba en ambientes médicos, muy lejos de aquel entorno de arrieros e ingenuos pueblerinos. Cuando eso aún no se sabía, la aparición de tifus era considerada una peste maldita, imposible de predecir, imposible de curar, a no ser que el enfermo resistiera, lo cual era posible solo si se le mantenía cuidado e hidratado. Venía de repente y atacaba a grupos de personas sujetas a condiciones extremas de hacinamiento, guerra, revueltas sociales, hambre. Había diezmado a las tropas de Napoleón Bonaparte, con una violencia más fuerte que la de mil espadas. Los enfermos, además de las fiebres y los estados de delirio, padecían la congestión de sus facciones, la lengua se les ennegrecía y se les ponía seca. Muchas veces morían debido al abandono al que eran sometidos por parte de las personas que los encontraban a su paso. Estos últimos, horrorizados por la posibilidad de contagio, los dejaban solos en su desventura, en una suerte de psicosis colectiva, sumada a las desesperaciones y escaseces producto de los enfrentamientos bélicos. El hedor que despedían las ropas que habían estado en contacto con los enfermos asqueaba a los que tenían la mala fortuna de encontrarse en una zona epidémica. Lamentos por las cefaleas y cólicos, vapores de diarreas, violentas toses, eran los rumores y olores que se sentían en el ambiente cuando la peste asolaba los parajes sometidos a condiciones de contagio. El tifus era una amenaza que, a nivel mundial, aún no estaba controlada, ni lo estaría aun por muchísimos años. Recuérdese que nos encontramos situados en 1915, año durante el cual moría de tifus en Rusia el austriaco Prowazek, uno de los médicos que llevaba adelante la batalla contra la epidemia y en cuyo honor se nombró más adelante al microbio del tifus, al lograrse su aislamiento, "honor" que también obtuvo un médico norteamericano, Ricketts, que, en México, en 1910, había sido partícipe, con su vida, de los avances en esta materia. Cuando la epidemia se desata con todas sus fuerzas es muy agresiva. Unos años más adelante, desde 1919 a 1922, durante la revolución rusa, entre veinte y treinta millones de personas serían atacadas por agentes patógenos asesinos, entre ellos el tifus, que producirían millones de muertes epidémicas. Estamos muy lejos de 1932, cuando se desarrolló la vacuna; más aún de 1947, el año en que por primera vez se utilizó el cloranfenicol para luchar contra la fiebre tifoidea.

Los D'Almeida ignoran este sombrío y desalentador panorama. Sin duda, la ingenuidad les mantiene firme el coraje.

Los primeros síntomas de los niños se empiezan a notar unos once días después de la partida: fiebre fuerte, pérdida del apetito y comienzo de deshidratación. Poco después, unas manchas rojas extrañas les aparecen por el cuerpo. Cuando Francisca se da cuenta de esto, cree que es alguna enfermedad eruptiva, común en los niños, por eso se ocupa con premura de mantenerlos hidratados. Julia pide agua a su papá, mas, al ver que éste va a sacarla del barril, se enoja y dice que lo que ella quiere es toda el agua que baja como una cinta por la montaña.

—Hijita, si pudiera te la daría —dice Juan—. Julia no sabe que le está pidiendo a su papá nada menos que uno de los ríos que los deshielos pintan en lo alto de la cordillera, probablemente uno de los afluentes del Río de Las Cuevas. Juan le responde lo mismo cuando la nena quiere para ella el santito que a lo lejos se ve en la montaña. Y es que, a tan corta edad, Julia todavía no asimila el concepto del tamaño en relación con la distancia y le está pidiendo nada menos que el gran Cristo Redentor.

Hoy, los viajes terrestres entre Chile y Argentina, se realizan a través de un cómodo túnel de alta montaña, pero en aquellas épocas se debía subir a elevadas alturas para cruzar, pasando muy cerca de ese monumento legendario, azotado por los vientos gélidos de la cordillera.

El Cristo Redentor, altísimo e imponente, dicen que hecho con el bronce de históricos cañones, había sido inaugurado once años antes, en 1904, para recordar a argentinos y chilenos que eran hermanos. En su pedestal habían escrito: "Se desplomarán primero estas montañas antes de que chilenos y argentinos rompan la paz jurada al pie del Cristo Redentor". Allí arriba, incluso en verano, la violencia de los vientos helados y el paisaje imponente nos inducen a pensar que formamos parte de un todo infinitamente poderoso. Tal la pequeñez que el hombre siente al enfrentarse a más de 3800 metros de altura, desprotegido y solo, a aquel impacto para los sentidos.

La gente de la expedición que no conocía esas historias era aleccionada por los arrieros, eficaces guías en aquellas soledades. Iban aprendiendo un poco de la nueva tierra, mostrada con gran orgullo a los extranjeros. En las noches, dentro del círculo de fuego, salían a relucir otras memorias: de milagros y de miedos, de los "santos" protectores y de los "fantasmas" que sembraban el camino de misterios.

Cuando detectaron las primeras molestias y las fiebres en los niños, comenzaron a preguntarse cuál podría haber sido el origen del contagio. Todos tomaban agua del barril, pero solo los menores estaban enfermos. De modo que no desconfiaban del agua. Nunca se esclareció el foco primario de la infección, pero podría haber sido la leche que los niños tomaban directamente ordeñada de una vaca que llevaban los arrieros. A esa leche, hasta el momento, no la hervían, confiando en su frescura. Ciertos principios de la higiene que hoy se saben y cuyos dictados se practican invariablemente, en aquellas épocas no se tenían en cuenta. ¡Cuánto mejor beber el espumante alimento "al pie de la vaca"! Pero... si la vaca hubiese estado enferma, picada por los parásitos transmisores: piojos, arañas, pulgas, mosquitos, fácilmente habría podido llevar en su leche el bacilo del tifus y transmitirlo. El bebé solo se alimentaba del pecho de su madre, pero se habría podido contagiar de sus hermanos a través de las mucosas de los niños. Si la presencia abundante de parásitos transmisores hubiese sido la causa, se habría generado un foco epidémico, habrían caído todos enfermos, puesto que los piojos, pulgas y arañuelas no perdonan a nadie, con raras excepciones, siendo detectados solo cuando ya han provocado la comezón de las picaduras. En este caso, las personas, sin saber del peligro inminente, se habrían rascado instintivamente, ayudando así a introducir en su cuerpo el bacilo.

Con los niños afiebrados, pero sin otra alternativa que continuar, comienzan a descender la montaña encaminándose a Uspallata; tienen previsto bajar luego por el camino antiguo de Villavicencio. Las mulas caminan solas, parece que se saben las piedras de memoria, tantas veces sentidas debajo de las resistentes pezuñas; el bamboleo ha adormecido a todos, incluso a una señora que monta en una mula de más adelante y a su hijita, que se sostiene de la cintura de su madre, acuñada entre unos bultos. Están atravesando un sector de cornisa, no muy estrecho, no tanto como para inspirar prudencia. Julia se despierta de los delirios de la fiebre, para alcanzar a ver que la niña, aparentemente dormida, se desliza de la mula, rueda por la inercia del deslizamiento y cae al precipicio, sin que nadie se percate de lo sucedido, en el silencio de la siesta. Se da cuenta antes de que lo haga la propia madre de la niña y comienza a avisar como puede, gritando desesperada, pero al comienzo nadie le presta atención ya que un trueno y un relámpago quiebran la siesta de repente. La mujer reacciona en ese instante, probablemente al no sentir el abrazo de susto de la hijita debido al trueno, despierta del letargo, toma conciencia de la situación y comienza a gritar despavorida. Los arrieros se movilizan de inmediato, creyendo que han perdido a la niña, detienen la caravana y emprenden entre varios el descenso por los acantilados para rescatar el cuerpo. Pero, al parecer, está viva por milagro, sosteniéndose de unos arbustos. Las cantidades de telas y los sombreros que se usan por estos años para los vestidos femeninos protegen el cuerpo de la niña como mullido colchón y la sostienen entre las zarzas, hasta que la pobre, asustada, con algo de fiebre, logra tomarse de unas ramas, para evitar la caída fatal de veinte metros. La madre llora agradecida cuando los arrieros se la devuelven a salvo, un poco lastimada, pero viva.

Al día siguiente, se desata un gran aguacero que los obliga a detenerse e improvisar un refugio para las personas. La fuerza del viento es tal, que quiebra el palo que sostiene el paraguas de las niñas De Almeida. Los arrieros atan el viejo paraguas con dos ligaduras de alambre, superponiendo las dos partes del palo unos buenos palmos y por supuesto, el techito desciende tanto que ya no se ve casi nada. Allí comienza la noche eterna para las pequeñas viajeras: más de una semana bajo el paraguas, de donde solo se sale para dormir. Julia espía por la ranura de veinte centímetros que queda entre el cajón y el paraguas, esperando el momento de poder liberarse de esa prisión. Para pasar el tiempo, anima a Clara a cantar con ella antiguas canciones infantiles portuguesas que Francisca les ha enseñado. Por eso la inminente llegada resulta tan feliz para las dos mayores.

La pequeña Julia y su hermana Clara parecen estar superando la enfermedad, es más, parece que no les ha atacado con tanta violencia. Por lo contrario, Emilia, de casi dos años, y Juancito, el bebé, están cada vez peor. Francisca y Juan se ocupan de ellos, los alimentan e hidratan con gran dificultad. Los bebés no paran de llorar, el niño tiene cólicos, están totalmente manchados, congestionados, la lengua de Emilia endurecida, la boca seca, tos violenta, no quiere ni puede comer; logran solo hacerle beber. El bebé no tiene fuerza para succionar la leche, le dan líquidos con una cucharita. Francisca mira a sus espaldas esas montañas inmensas, pedregosas, imponentes, suplicando a aquel Cristo allá en lo alto, que ya no se ve.

Entran por el norte de la ciudad de Mendoza el 15 de diciembre. Pleno verano. Días calientes y noches frescas de una Mendoza de aires limpios. Julia observa cuando los arrieros suben a las mulas a modo de escaleras, sacan sus facones y cortan higos chumbos, que obsequian primero a las madres y luego a los niños. Allá en Europa, Francisca los ha visto una sola vez en un mercado, pero nunca los ha probado: los europeos los llaman "higos de Indias", y es claro, porque en los primeros tiempos desde el descubrimiento de América, se pensaba que Colón había llegado a la India. Nuestra Julia los come con avidez, disfrutando de la frescura y el sabor recién conocido.

Apenas llegados, toda la caravana es controlada en una especie de sala de primeros auxilios, donde, con gran alarma, les confirman, por los síntomas, el diagnóstico de tifus de los niños, recomendándoles cierto remedio que en esas épocas daban a los enfermos de este mal: pasar paños embebidos en vinagre alcanforado por sus cuerpos y mantenerlos abrigados y quietos, haciéndoles beber ciertos tés milagrosos.

Ya de noche, alojados en una habitación de pensión, dos hermanitos De Almeida pelean afiebrados contra la muerte, que parece acechar sin rendirse. Son los más pequeños: Emilia y Juancito. El niño parece tener abundante mucosidad, conjuntivitis; el mal olor sale de su cuerpecito y de sus ropas, por más que lo limpien.

Cuando aún no se descubrían tratamientos de antibióticos, los médicos, a oscuras en el ataque a las causas, se apoyaban en el tratamiento de los síntomas para aliviar los sufrimientos y así reforzar el optimismo del paciente, crucial para detener el avance de las enfermedades. Recomendaban infusiones de quina y linimentos de vinagre alcanforado para desinfectar la piel. Se buscaba proveer calor e inmovilidad al enfermo. Durante mucho tiempo existió una corriente de médicos que pretendía solucionar cualquier problema de salud con ventosas, sanguijuelas, vomitivos, aunque en el caso del tifus, muchos aplicaban a los enfermos la piel de un animal que había sido desollado cuando todavía estaba con vida.

Francisca y Juan hacen todo lo que sus posibilidades y buen sentido les dicta. Después de varias horas de vigilia controlando la respiración y el sueño de los niños, Francisca acepta que sus hijos se salvarán solo por obra de un milagro. Para la pequeña Emilia ese milagro se hace, quiere el destino que viva. Francisca la ve mejorar con el paso de las horas. Pero siente que está perdiendo a Juancito, ya no hay forma de despertarlo, respira con gran dificultad. Entra en un sopor sin retorno y muere al día siguiente, bañado por las lágrimas de sus padres. Julia no olvidará jamás la imagen de su hermanito muerto, adornado entre sabanitas blancas. Parece dormido, tranquilo, feliz. Al principio no entiende bien por qué los adultos lloran tanto, hasta que, al día siguiente, al no verlo, comienza a extrañarlo. Le explican que se ha ido al cielo convertido en un angelito, que desde allí la cuida. Entonces ella, con cuatro años, dice que no quiere un angelito sino un hermano que se pueda ver y tocar. Y siente, sin poder darle forma en palabras: "prefiero que esté conmigo, aunque dé alaridos y acapare a mi mamá". Siente el vacío angustiante, ahí comprende la verdad y ella también llora. Lo entierran dentro de un pequeño cajoncito celeste con moños. Francisca derrama tantas lágrimas ese día que cree haberlas agotado. Pero no será así: seguirá llorando por el hijo muerto, con el corazón desgarrado. Juan, refugiado en sus actividades varoniles, se muerde la lengua para no dejar escapar el brillo de sus ojos, cuando piensa en las conversaciones que había planeado tener con su hombrecito en cada uno de los días felices de una larga vida que no fue. No falta el sentimiento de culpa, a raíz de la decisión de emprender semejante viaje, sumado a la impotencia de sentirse una hoja en el viento, en ese mundo tan inmenso.

Julia se asombra de todo: del sol tan brillante, del cielo tan diáfano, de los árboles rebosantes de hojas dentro de la ciudad, de las acequias que son como arroyos que flanquean las calles y de los pájaros que tienen un canto diferente en ese nuevo lugar. Hasta le parece que las flores de la plaza tienen caritas que le sonríen. Han llegado en 1915, una época difícil para la clase obrera del pueblo argentino. En todo el mundo hay hambre, el hambre de la Guerra grande. A raíz de esto, la Argentina, aun con políticas que direccionan los flujos migratorios, recibe más extranjeros de los que puede absorber su sistema económico sin deteriorarse, proceso que, de hecho, provoca el efecto negativo de disminuir el valor de la mano de obra. Ya en 1915, este fenómeno consolidado preocupa como tema serio a gobernantes bienintencionados, así como al pueblo mismo, mientras que la oligarquía y sus flemáticos personajes se bañan en el caldo gordo de la abundancia. No será fácil para Juan y Francisca.

Después del cruce de Los Andes a lomo de mula, después de perder a su hermanito, Julia, Clara y Emilia, las tres niñas "De Almeida", están delgadas y débiles, pero vivas, a pesar del flagelo de la fiebre. Chile, su país natal por simple casualidad, ha quedado relegado a un absoluto pasado. Acaban de entrar a una nueva tierra: Mendoza.

MANÍES, UVAS Y AGUA SALADA

Los D'Almeida se establecieron en Corralitos, como trabajadores rurales. Juan compró una cabra lechera para alimentar a las niñas. Julia decidió su nombre: Chinita. Era de la mejor calidad, daba excelente leche, sus largos pelos, que los criadores llamaban "chillos", llegaban hasta el suelo. También adoptaron una perrita vagabunda a la que decidieron nombrar Titira.

—¡Oh, Juan! ¡al menos vamos a poder producir nuestra propia leche y huevos! —decía Francisca, feliz porque tendrían alimentos buenos para criar a las tres hijas.

A fuerza de sémola con leche y azúcar fueron recuperándose de la convalecencia y se pusieron rozagantes. El patrón de Juan cultivaba maníes y criaba cerdos, pavos y conejos. Había algunos viñedos cerca de la casa, pero durante esos años, la provincia de Mendoza estaba sufriendo una crisis de exceso de vinos, lo cual alentaba a los productores a diversificar sus cultivos. Por eso el maní daba la posibilidad de contratar familias de campesinos. Desde las viviendas de los trabajadores podía verse un mástil de palo muy alto donde el jefe izaba una banderita roja para delimitar el tiempo de la jornada laboral. Julia colaboraba con su papá. Para que él pudiera descansar en la siesta, la nena se sentaba fuera con la vista fija en el alto mástil, que estaba a trescientos metros de distancia. Su trabajo era despertarlo cuando veía que la banderita roja iba subiendo.

En estos campos es donde Francisca, con tres niñas que criar y otro en camino, aún tiene momentos para mirar por la ventanita de la casa hacia su infancia, rememorando ¿cuántos años atrás...? ¿poco más de quince...? sus bosques amados, la voz de su madre y las risas de sus hermanas. Ve los ojos oscuros de Julia que se devoran sus recuerdos con avidez para nunca olvidarlos. Cuenta lo que una niña de cuatro años puede comprender, sabe que más adelante querrá que se lo cuente de nuevo. Con el tiempo, verá la madurez cambiante de Julia en sus silencios, en sus preguntas y en sus conclusiones.

Un día, Juan llega de la jornada en el campo y percibe un revuelo diferente al de todos los días. Julia no está jugando fuera; ni siquiera se ve la perrita, que siempre le festeja la llegada con ladridos. La puerta de la casita está entreabierta, se sienten rumores que vienen del interior. Cuando se asoma por la ventana, ve que dos de sus vecinas más cercanas están preparando sopa, pero acaba de comprender cuando entra, porque a su izquierda, por la puerta abierta del dormitorio, puede ver a Francisca en la cama, mimada, cuidada y protegida por otra vecina, y un rosario de vecinas y niños, al que se ha sumado uno más, recién nacido.

Es que, en 1916, al año de morir el primer Juancito, Francisca tiene otro varón. Lo llaman Juan, como a su hijito fallecido, para que haya un varón en la familia que lleve el nombre del padre. Cree Francisca que al niño se lo ha mandado Dios, para llenar en parte el vacío que había dejado el primer Juancito al morir.

El segundo Juancito parece ser idéntico al Juan que Francisca había conocido de niño en los pinares de Portugal. La misma nariz respingada, la misma piel blanquísima e iguales sus ojos castaños. Es un bebito normal, con buena salud. Ya come su papilla de verduras, cuando una tarde comienza a llorar mucho, como sintiendo dolor por algún alimento que le ha caído mal. Al igual que cualquier enfermedad de niños en el campo, es curado con remedios caseros de vecinas. Otros niños de la zona también se han empachado, como se llama habitualmente a este tipo de problemas médicos, sufriendo diarreas y fiebres. Pero Juancito no sobrevive. Apenas pasa los seis meses de vida. Esto deja otra vez a Juan y Francisca desconcertados y tristes, deshechos en lágrimas. ¿Es que están condenados a perder a sus hijos varones?

El índice de mortalidad infantil es alto. Las familias tienen muchos hijos porque algunos, invariablemente, se mueren antes de alcanzar a hablar o caminar y porque finalmente se cuenta con esos brazos como un pilar más de sustento de la economía familiar. Además, si el Señor los envía, son deseados y bienvenidos. En el campo están tan indefensos, vulnerables al agua de pozo, que puede estar contaminada, lejos de los centros de atención sanitaria, rodeados de supersticiones y de leyendas que los exponen a prácticas de curanderismo bienintencionado pero pocas veces exitoso.

Todavía llorándolo, Francisca siente las náuseas: otra vez palpita en su vientre la semilla de la vida. Después de algunos meses, en 1918, nace el tercer varón. Las vecinas convencen a Francisca de lo fatal que sería para el niño llamarse Juan, con dos muertitos cargados sobre sus espaldas, que quizás, celosos de su nombre, se lo querrían llevar a jugar a la tierra de los angelitos. Demasiado peso para un solo niño. Francisca tiene miedo de esta maldición. Por eso lo llaman Antonio, como el padre de Francisca.

Antonio es un sol de cara redonda y sonrisa dulce, que mantiene muy ocupada a su madre porque siempre quiere estar en los brazos de alguien, reír con alguien y prenderse a dedos y cabellos con sus manecitas fuertes. Cuando nace, Julia ya tiene siete años y ayuda bastante en las tareas más livianas de la casa, como jugando, para que Francisca pueda amamantar al nuevo integrante de la familia. Julia está muy contenta de ver a su madre otra vez feliz.

A Juan le cuesta un poco volver a hacer planes para el futuro junto a ese hijo varón tan deseado. Desconfía de su suerte. No quiere volver a pasar por el dolor de las otras dos pérdidas, de modo que, secreta e internamente, decide vivir solo el momento, sin ilusiones, sin pensar en el futuro. Pero el niño se los va comprando a todos con su sonrisa, sus ganas interminables de jugar, su deseo permanente de estar en movimiento, sus besos pegajosos de papilla, sus pequeños logros diarios como una palabra, un nuevo diente, sus primeros pasitos, el abandono del pañal, los abrazos babosos de cariño.

Y cuando ya ha conquistado las ilusiones de Juan, cuando ya ha obtenido la devoción incondicional de Francisca, cuando ya se ha transformado en el juguete insustituible para sus hermanas, cuando es el ángel más adorado y el diablillo más temido, se muere, así, sin dar tiempo para hacerse a la idea, a los dos años de nacer. Otra vez ese tormento.

Juan vaga por los campos solo e impotente, sin comprender su desgraciada fortuna, buscando en su pasado alguna culpa que lo haga merecedor de tanto dolor, después vuelve a su casa a apuntalar el ánimo de su mujer, que lo necesita mucho. Francisca, por dentro, se desgarra de tristeza. Se convierte en un trapo hecho pedazos, que traga sus propias lágrimas sin encontrar consuelo. Las niñas la ven llorar días y días, meses. Llora tanto que comienza a sentir pérdida de visión. Entonces, Juan decide llevarla a un médico lejos de allí, en la ciudad capital de Mendoza.

Es un viaje largo y una ausencia de un día entero, desde el amanecer hasta la noche. Julia, Clara y Emilia, mientras tanto, quedarán solas. Tienen nueve, ocho y siete años. No hay nadie para cuidarlas. Comentan con una vecina que van al médico, y luego dejan una gran olla de fideos gordos hervidos para que las niñas, todavía pequeñas, tengan alimento. Ellas, al principio, cumplen sus tareas y juegan sin dar importancia a la comida, hasta mirándola con cierto desdén, porque no les gustan mucho los fideos blancos. Pero a medida que pasan las horas se hace de noche, el hambre las alcanza, comienzan a mirar el alimento de reojo, hasta que llegan a la conclusión de que no hay en el mundo comida más exquisita que esos fideos, y se los devoran, esperando la llegada de sus padres.

El oculista le exige a Francisca que no llore más, pues las lágrimas le están quemando los ojos; si no hace caso se lastimará mucho y pronto podría deteriorarse la visión de forma irreparable. Nadie se puede imaginar el dolor de una madre al perder a tres hijos paridos en cuatro años. Esta madre tendrá que comerse las lágrimas, obligarse a sí misma a ser feliz, a pesar de las desdichas.

Aunque en su fuero interno Francisca había pensado en que sería mejor no tener más hijos, quiso Dios que la esperanza latiera de nuevo en forma de un redondo vientre de mamá. En un mediodía lluvioso, entre las corridas de las vecinas y el rumor del agua caída a raudales sobre las plantaciones, mientras todos tenían mucho miedo de que fuese varón, llegó María, una beba redonda, gordita, rozagante como una flor recién nacida. Corría el año 1920.

En esa época, el curanderismo y los remedios caseros eran la única medicina al alcance de los obreros campesinos. Uno de los remedios aconsejados por las viejas curanderas consistía en tomar un pollito recién nacido, abrirlo por la parte inferior desde la colita hasta el pico y colocárselo al niño en el pecho, como una cataplasma curativa. Una vez Julia enfermó de conjuntivitis en un ojo y le colocaron cataplasmas de fique, una alta penca fibrosa que crecía en las inmediaciones, que se usaba como tópico para tratar los forúnculos, como así también eliminar los piojos de los caballos. El ojo se puso tan mal que tuvieron que sacársela inmediatamente y dejar que curara solo. En ese ambiente campestre de inmigrantes pobres, las enfermedades de los niños eran todas catalogadas como "empacho". Los remedios eran generalmente aconsejados por las mujeres de la zona, que los habían aprendido de sus abuelas o quizás los habían inventado.

Francisca veía la serenidad de Julia, tan responsable y protectora con sus hermanas que le hacía acordar a Amelia, su hermana mayor. También la picardía de Clara, la segunda, cuyo carácter era muy parecido al de su hermana Ana, especialista en divertirse y meterse en líos. Emilia era suave, delicada como una flor, de carácter algo más susceptible. María, la pequeña, estaba creciendo fuerte.

En esos años ya tenía Francisca su maquinita de coser, sin pedal, con una manivela que se debía hacer girar con la mano derecha, al tiempo que se sostenía la tela con la izquierda. Las niñas se peleaban por hacer girar la manivela. Su mamá en Portugal, cuando ella era niña, le había enseñado a confeccionar buenas camisas, y eso no se le había olvidado, de modo que con esa máquina cosía ropa para todos, incluso las camisas de Juan.

El agua de Corralitos se extraía de un pozo. Salía excesivamente salada y dura. A las mujeres les costaba mucho hacer espuma para lavar la ropa. Francisca recordaba cuando en Portugal iban las mujeres con sus cestas de ropa y lavaban en el agua del río, mientras cantaban. Mantenía en su corazón la esperanza de llegar a Brasil; estando en esas cavilaciones, un día llegó Juan con la propuesta que le habían hecho. En la finca más importante de Santa Blanca, propiedad de don Gustavo André, estaban buscando gente para cuidar frutales, hacer nuevos viñedos y mantener los que ya tenían. Juan debía construirse la casita para vivir allí con su familia, pero la paga era buena, decían que el agua era de las mejores, y le entusiasmaba la idea de construir una viña desde el principio.

LOS RODRÍGUEZ DE CENTENARIO

San Martin, Mendoza, 1907 era el marco de la crueldad infligida a Benito en la escuela por ignorancia, por envidia. Benito Rodríguez se fue a su casa y le dijo a su madre:

—Madre, si quiere usted estudiar, vaya nomás, porque, lo que es yo, no vuelvo nunca más.

Varios días pasaron para que el chico, de doce años, se animara a contar con detalles a sus padres la injusticia que le había tocado vivir en la escuela, y para esos momentos ya estaba saliendo por las mañanas como ayudante del padre.

Después, comenzó a trabajar de aprendiz, como era la costumbre antes. Sin embargo, cuando podía, conseguía libros y se devoraba las historias que llegaban a sus manos. A lo largo de su adolescencia y juventud incursionó en varias ramas, pero a lo que se dedicó de alma fue a la albañilería. Benito construía casas no solo porque le gustaba mucho, sino también para labrarse un porvenir, y porque nunca había abandonado la idea de ir a Buenos Aires para buscar a su hermano perdido. Desde muy joven se hacía responsable de aportar a la economía familiar. Cuando cobraba su dinero, le regalaba a su madre el billete de más alto valor. Ella lo guardaba en el bolsillo grande del delantal y le decía: "Nito, esto será para comprar casa". Después, lo hacía alcanzar para todo.

Poco más de diez años habían pasado desde su llegada a América. En ese entonces, con mucho sacrificio, la familia había logrado comprar media hectárea en la localidad "El Centenario", llamado así porque ese loteo con derecho de agua, había sido hecho en 1910, año del centenario de la Revolución de Mayo. Se encontraba, como aún hoy, a unos dos kilómetros del centro de la villa cabecera de San Martín, hacia el este. Así, la familia se acercaba a la vida urbana, al mismo tiempo que se hacía de algunos terrenos para plantar frutales y seguir teniendo las adoradas gallinas ponedoras de Benita. Ni bien Benito adquirió el aspecto y la posición de un hombre formado, compró un billete de tren y viajó al corazón de la gran urbe bonaerense, convencido de que alguien podría darle una explicación sobre la desaparición de su hermano, alguien que no fuese la policía, ya que después de iniciar las investigaciones habían archivado el caso.

Estando Benito en Buenos Aires, impresionado por el apabullante aparato ciudadano, comenzó su pesquisa en la Casa Cuna, donde, por supuesto, nada en concreto le dijeron. Aquel asilo lúgubre, donde los habían alojado los dos primeros días después de su llegada, era ya un galpón abandonado. Lo habían reemplazado por un edificio nuevo, muy confortable, llamado Hotel de Inmigrantes. Se dirigió allí para solicitar los registros de desembarque, donde encontró el nombre de su hermano. Pidió a las autoridades los registros de hospitalización de su madre. Allí figuraba como que había entrado sola. Como su padre había dado el nombre del bebé al inscribirse a la llegada, así como el de cada uno de la familia, se supuso que el niño había estado con él, por consiguiente, nadie se hizo responsable. Continuó con organismos públicos, registros de la época, domicilios de personas influyentes. Tomó contacto con un abogado que se encargaba de investigaciones privadas. Llevaba una fotografía de él mismo y sus hermanos, cuando eran niños, por si alguno pudiese dar un dato por el parecido físico: blancos, muy rubios a edades tempranas, sus cabellos eran marrones claros cuando crecían, de mejillas rosadas y ojos marrones. Golpeó cien puertas, pero no obtuvo nada. Al parecer, quien se robó a Antoñito se cuidó muy bien de no dejar rastros. Finalmente, cuando todavía le quedaban fuerzas y aún algo de dinero para seguir adelante, el abogado mismo lo hizo desistir. Le dijo que habría sido imposible encontrar a un muchachito de diez u once años en esas condiciones, a menos que alguien hubiese dado las señas, como protagonista, testigo del delito o allegado del delincuente, lo cual sería improbable, puesto que se condenaría a sí mismo. Se había divulgado la búsqueda en los ambientes donde se podría haber conocido alguna respuesta, aunque nadie había podido o querido aportar ninguna información. Había pasado ya mucho tiempo, diez años desde aquel convulsionado 1907 en que su hermano había sido robado. Ya sería irreconocible, quizás se pareciera a él o a sus otros hermanos, o no, quién sabe la vida que le habrían dado hasta el momento o si estaría siquiera en la capital. La oleada de hambrientos, maltratados por los efectos de la Guerra Mundial, no paraba de llegar a la Argentina. Buenos Aires sufría un caos social, y se estaban gestando leyes para rechazar a los inmigrantes. Pero las familias pudientes se mantenían siempre al margen de los vaivenes económicos.

—Es muy probable que el niño, al ser muy blanco y rubio, haya sido codiciado, bien vendido para ser criado como hijo propio por alguna familia adinerada, que le habrá dado una buena educación, estudio, una posición social desahogada —le dijo el investigador, citando el preconcepto favorable que se había instalado en la sociedad a favor de los grupos étnicos de color claro—, no tiene sentido que siga gastando su dinero para encontrarlo; si aún no lo hemos hallado, no creo que lo hagamos.

En un primer momento pensó que ese abogado podría haber ubicado ya a su hermano y estar jugando un doble juego, pero, ante la incertidumbre, luego de reflexionar mucho, decidió pensar que el destino lo había enfrentado a un hombre de bien, el cual le estaba ahorrando dinero y frustraciones. Ese espíritu resiliente le iba a ayudar a colmar el vacío, pero Benito nunca se curaría de la desconfianza hacia los entornos desconocidos.

Además de los tres que habían llegado de España: Benito, Juan y María, del hijo muerto y del hijo robado, en Mendoza, Benita tuvo cinco hijos más. Dos murieron muy pequeños aún. Los que vivieron fueron Wenceslao (Lao), Aureliano (Nano) y Benigno (Nino). El nombre del último se presta a confusión con el del primero: Benito Benigno, nuestro Benito; sin embargo, así los nombraron, era la costumbre. Ya se sabe que, a las personas, con el tiempo, se les intensifican los rasgos de personalidad. Pues bien, a Benita se le hizo cada vez más fuerte el instinto materno y la sensatez. Además, mantuvo el don de producir pequeños milagros artesanales en casa y recordaba con mucho amor cuando fabricaba ella sola sus telas con el lino que producía en su Monsagro natal.

Los Rodríguez construyeron su casa solariega en El Centenario y se establecieron definitivamente allí. Benito edificó una casa más pequeña a una cuadra de distancia y la alquiló. En las llanuras argentinas, las distancias se definen aún hoy con términos como "cuadra", derivado del trazado en damero que los conquistadores imprimieron a las nuevas ciudades coloniales. La cuadra era el intervalo entre dos calles paralelas de la cuadrícula, que podía ser de distancia variable, pero que, con el correr del tiempo, fue normalizándose, de modo que la "cuadra" pasó a ser el equivalente a cien metros más el ancho de una calle.

Su padre, Claudio, no había abandonado el hábito de juntarse a beber con los amigos. Esto le causó a Benita más de un dolor de cabeza. Cuando una ocasión de estas le desorganizaba la vida, Benita recordaba las palabras de su madre: "Al menos leña no te va a faltar". "Ya lo creo que no me faltó", volvía a decir muchos años después con tono de sorna. Aún mantenía el buen humor y aguantaba las vicisitudes de la vida, a pesar de la vida misma. Leyendo entre líneas, su madre, en esa frase, le había resumido el destino.

El país atravesaba una particular situación por aquellos años, a la cual la provincia de Mendoza no escapaba: el alza del costo de la vida, como efecto de la que hoy conocemos como Primera Guerra Mundial, pero que hasta ese momento era simplemente la Gran Guerra. Ya no se vendía al exterior el cereal, situación que favoreció la desocupación agrícola y el éxodo hacia las ciudades por la subsistencia. Como si la falta de trabajo fuera poca cosa, el costo de la vida aumentaba de manera nunca vista, llegando a duplicarse en el período de 1916 a 1919. Sin embargo, para los obreros, la cosa venia mal desde antes. La Argentina, hasta ese momento, siempre había estado gobernada por la oligarquía, a favor de los propios intereses de estas minorías. Los maestros argentinos tuvieron que enfrentar crisis aberrantes: durante meses no percibieron sus salarios. Se desencadenaron huelgas de protesta por todo el país, que Juan

B. Justo, en sus escritos reflexivos, asimilaba a las barricadas europeas de épocas pasadas, suficientes en aquellas callecitas tortuosas de ciudades antiguas, mosqueteros y espadas, pero que no hubieran servido para luchar por una reivindicación en un contexto moderno, provisto de inmensas avenidas y con fuerzas del orden que no necesitaban luchar cuerpo a cuerpo para dominar. Todo aquello que, a fin de funcionar, dependía del aporte del Gobierno fue sistemáticamente reducido, casi hasta el abandono, debido a la crisis de los fondos públicos. Hasta he visto, entre tantos comentarios de la época, una anécdota que cuenta que las autoridades de la provincia de Corrientes, durante un periodo, permitieron a los presos salir a las calles para conseguir alimentos mendigando, a fin de no morir de hambre en las cárceles. ¿Habrá sido verdad? Lo que sí se veía claramente era que el sistema "representativo, republicano y federal" tenía algo de siniestro por esos días.

Cuando la gente común tuvo la oportunidad de votar en las elecciones del '16 eligió al representante de la oposición, naturalmente: Hipólito Irigoyen, depositario de toda la confianza de un pueblo que necesitaba ser "salvado" de aquella opresión. Fue recibido como un mesías, llevado en andas, festejado a ciegas. El pueblo trabajador se aferró a él como náufragos prendidos de un madero a flote.

Pero el costo de la vida siguió subiendo y el índice de pobreza también; no podía ser de otra manera, con un mundo en guerra, con una legislación adolescente de oportunidades de crecimiento para los ciudadanos en base al propio esfuerzo, con todos los mecanismos antiguos en funcionamiento. Ya desde 1910 los entendidos se lamentaban de que el pesado estado consumiera el 34% de todas las en-

tradas calculadas en el presupuesto nacional. Se sanciona‐
ron algunas leyes con orientación integradora, en búsqueda
de una más equilibrada estructuración de la sociedad. A pe‐
sar de que hubo esfuerzos en tal sentido, no alcanzaron para
modelar el nuevo perfil de país que el siglo requería. ¿Qué
importaba que el gobernante tuviese una actitud compren‐
siva hacia las protestas de los trabajadores si no tenía la ca‐
pacidad suficiente para desarraigar la miseria? Que la
intención de mejorar estaba, no había ninguna duda, pero
no sabían hacerlo. La insatisfacción desembocó en una gran
huelga en 1909. Entre 1912 y 1913 hubo 350 huelgas. El des‐
contento social no se detuvo, sino que fue la característica
de los años siguientes. En 1919, al menos trescientas mil per‐
sonas en las calles de Buenos Aires fueron protagonistas de
sangrientos disturbios, en un primer momento derivados de
la represión a las protestas sindicales, que luego se termina‐
ron tiñendo de un profundo resentimiento xenófobo, esta
vez contra los hebreos.

SANTA BLANCA

A fines del '21, Francisca y Juan, para hallar mejores aguas, así como nuevos horizontes, pusieron niñas y todo lo que tenían en una carreta y partieron una mañana muy temprano, partes a pie, partes sobre carreta y mulas, seguidos por la cabra y la perrita Titira; al atardecer llegaron a Santa Blanca, una especie de aldea de españoles que vivían en ranchos de caña y barro.

En esas tierras, antes había habido una ciénaga, desecada posteriormente, para aprovechar los terrenos de labranza y permitir el paso de los viajeros y comerciantes sin que tuvieran que hacer un rodeo inmenso para franquearla.

Los inmigrantes utilizaban adobes para hacer sus casas en los pueblos, pero en los ranchos campesinos los muros eran de "tapia", es decir, barro amasado con paja, apilado en gruesas y macizas paredes, más anchas en su base, que tenían como alma cañas atadas entre sí para mejorar la resistencia. Los techos se sujetaban con horcones, firmes postes con forma de horquilla, plantados en el suelo en ambos extremos de la casa, en los cuales se encajaba la solera principal, punto más alto del techo. De allí bajaban las dos aguas de la cubierta.

A veces Juan y Francisca pensaban en esas ironías de la vida, puesto que habían dejado en Europa sus bellas viviendas de piedras para ir a vivir en humildes casas rurales de barro. Pero en América tenían trabajo próspero y alimentos buenos, mientras que Europa estaba asediada por el fantasma del hambre, el cual ni aun trabajando sin descanso habrían logrado alejar.

Una gota de sudor caía por la frente de Francisca mientras recolectaba los huevos de sus gallinas el primer sábado por la tarde después de habitar su nueva casa, cuando la perrita, que había estado echada al sol, gruñó y empezó a ladrar a alguien que venía. Se incorporó para ver, con los huevos en el delantal, que casi nunca se quitaba; encandilada por el sol, distinguió una figura femenina muy pulcra, con sombrero atado bajo la barbilla, que le agitaba su pañuelo como pidiéndole que se acercara para hablar.

—Buenas tardes señora, ¿en esta casa hay niños?

—Sí, tenemos cuatro. Cuatro niñas.

—¿De qué edades?

—Once, diez, nueve y *a menina* menor de *dois* añitos. Y me parece que *outro* en camino...

—¡Ah!, ¡qué bien! Mire, yo soy maestra de la escuelita aquí cerca. A las tres mayorcitas ya las puede mandar a la escuela.

—¡Ah, bueno, *vou contar au meu* marido! ¿Qué *as meninas devem* llevar?

—No deben llevar nada. Ahí tenemos pizarritas y tizas para darles, al menos para que empiecen a aprender algo. ¿Han ido antes a la escuela?

—Sí, *mas muito* poco, porque estábamos *muito* lejos. Pero algunas cosas *eles* saben, que *o seu* padre les enseñó.

—Muy bien, las esperamos a las tres mayores el lunes a las ocho de la mañana. Aquí cerca está la escuela, en el cruce de caminos, ¿sabe?

—Está bien —y la maestra se alejó con una sonrisa.

Las maestras recorrían las fincas entusiasmando a los padres. Juan recordaba cuánto le gustaba a él la escuela de niño, y consideraba que sería de utilidad para el futuro de las niñas, así es que hizo todo lo posible por mandarlas. Entonces Julia y sus hermanitas comenzaron a aprender letras y números, empezando a vislumbrar los horizontes desconocidos del mundo.

Los dueños de la tierra habitaban en un hermoso chalet con galerías alrededor y cuidados jardines. El patrón, inmigrante francés, se llamaba Gustavo André. Era un ingeniero agrónomo enviado por el Gobierno de la nación para hacer investigación agrícola, fundamentalmente con frutales, porque en esa época se estaba planteando la conveniencia de diversificar los cultivos. Tenía once hijos, bondadosos con las familias de los obreros. Una vez por año los André recorrían a caballo la comarca, pidiendo a los padres que enviaran a sus hijos a la casa principal para aprender la doctrina religiosa. Un hijo de Gustavo André, instruido para sacerdote, era el encargado de la educación católica de los niños, y la hija menor, que en aquel entonces tendría doce o trece años, le ayudaba con los pequeños, disfrutando de su compañía, brindando toda su bondad durante las cálidas reuniones en el jardín. Los hijos mayores de Gustavo André estudiaban en Buenos Aires, incluso el que era seminarista, pero pasaban el verano en el chalet de la familia en Santa Blanca.

Febrero del '22. Julia en esa época acababa de cumplir los once años. Había sido instruida por sus padres en la fe católica. Sabía todos los rezos de memoria en portugués, puesto que en la intimidad de casa Juan y Francisca seguían cultivando su lengua natal.

Cuando llegó al jardín de la casa grande, donde se impartía la doctrina a los niños, una vez que hubieron ocupado cada uno su silla, el joven seminarista les preguntó a todos quién sabía recitar el Padrenuestro. Bien o mal, todos lo sabían, así que lo dijeron juntos. Julia se quedó muda, seria y avergonzada, con la cabeza gacha y los ojos fijos en una baldosa acanalada que se había levantado. Entonces le preguntaron qué le pasaba.

—Perdón... es que yo solamente sé rezar en portugués —dijo, levantando los ojitos a punto de llorar.

—Usted no tiene de qué avergonzarse —le explicaron— es valioso que usted sepa rezar en portugués. No importa el idioma, niños, lo que importa es ser un buen católico, aprender la doctrina, practicarla y amar al Señor. A ver, cómo son, díganos los rezos que le han enseñado.

Así habló el joven seminarista, pensando en escuchar el Padrenuestro, sin embargo, Julia recitó con fervor todos los rezos católicos de la misa. Los André se quedaron emocionados, sorprendidos del buen trabajo que habían hecho sus padres. La niña se sintió aceptada, agradecida y feliz.

Cuando a Julia le llegó la hora de su primera comunión, creció aún más en su corazón el amor y agradecimiento hacia los André, grato recuerdo que llevó consigo toda la vida.

—Niños, todos aquí mañana a las nueve de la mañana con sus madres, que vamos a irnos todos juntos a la iglesia y nos tenemos que organizar. Pero antes, tenemos un regalo para ustedes —la ansiedad en las caras de los niños se convirtió en ojos redondos de sorpresa, cuando descubrieron lo que tenían para ellos. A las niñas les fueron obsequiados vestidos blancos, medias, zapatos y a los varones, trajes, calzado y moños.

Al día siguiente llegaron todos impecables y elegantes. Aquella mañana, hasta se permitieron un poco de coquetería: una de las hijas de la familia, con un elemento metálico que se podía calentar, rizó el cabello a todas las niñas que no tenían rulos naturales, siempre que lo desearan; pero todas lo deseaban, entre ellas Julia. Luego los trasladaron en dos pequeños camiones preparados con asientos, uno para las niñas, otro para los niños, todos con sus madres, a la iglesia María Auxiliadora de Rodeo del Medio, donde tomaron la primera comunión en 1922. Recibieron sus estampas y rosarios, y fueron agasajados por las monjas con un gran chocolate y bizcochos. Los niños estaban estáticos como viviendo un sueño maravilloso; eran chiquillos bien educados y algunos eran tímidos, así que las monjas tenían que animarlos a comer.

Juan D'Almeida, además de trabajar en la viña, plantó una chacra familiar muy completa: sandías, melones, papas, camotes, que así llamamos a las batatas en Mendoza, porotos —como llamamos a los frijoles y a las judías—, habas, ajos, cebollas y hasta azafrán. Francisca se ocupaba de la casa, de las hijas, de la huerta. Seguía sintiendo dolor por sus tres hijitos muertos —atenuado por la bendición de tener cuatro vivas— y miedo cada vez que estaba encinta, miedo de que fuera varón y se volviera a repetir la historia. Estaba otra vez en la dulce espera aquel año 1922, pero no fue varón: nació su quinta hija, Encarnación.

Julia jugaba mucho con su hermana Clara, entre las cuales solo había un año de diferencia, pero un mundo si observábamos la diferencia de caracteres. A la hora del descanso de la siesta Julia y Clara se llenaban las manos de sol, el corazón de libertad y los bolsillos con algunos frutos del camino. Clara, la intrépida, trepaba sobre los árboles para recolectar nidos. Julia, tímida pero divertida, extendía el delantal para recibir cualquier tesoro que Clara le arrojara desde arriba. Si los nidos tenían polluelos, los devolvían al lugar, solo Dios sabe si continuaban vivos con tanto traqueteo, pero la intención partía de dos corazones grandes de niñas felices. El camino de vuelta a casa era siempre una delicia. Bajo la constante polvareda y el sol, los paseos a veces se convertían en aventuras inolvidables.

Una vez, en una de las siestas más calurosas de enero, Julia y Clara entraron a bañarse en una hijuela de riego, con sus vestidos de jugar. De pronto...

—¡Ay, Dios mío! ¡Ay Dios mío! —Clara comenzó a gritar y a retorcerse en un baile desconocido para Julia, lo cual despertó al vecino de la casa más cercana, don Álvaro Alonso, que salió a la calle alertado por el alboroto. Clara tenía algo entre el cuerpo y el vestido, que se movía tanto como ella; entre el pudor de la niña y el deseo de liberarse del bicho, solo se supo la causa del baile cuando don Álvaro la sacó de la hijuela tirando desde el borde del canal y le ayudó a pescar la salamandra, apresándola por fuera del vestido, aliviado de que no hubiese sido una serpiente. Para el bicho el susto había sido peor que para Clara; cuando por fin lograron extraerlo, al parecer, ya estaba muerto.

En aquellas tardes de canales Julia encontraba paz y sosiego tejiendo columpios con las ramas de los sauces mientras Clara chapoteaba y tenía el protagonismo en las travesuras. Cuando debían permanecer en casa, la siesta era la aliada para cometer las picardías de Clara, aun a costa de las reprimendas de Julia: como arrancar y masticar las legumbres verdes para luego volver a plantarlas, así seguían creciendo. Por supuesto, aquella vez Francisca solo se enteró de lo ocurrido cuando la indigestión nocturna de Clara mantuvo en vela a toda la familia.

Otro día Clarita encontró un panal de abejas en un árbol y, creyendo que las abejas eran tontas, comenzó a robarles un poco de miel.

Mala idea...

—¡Deja la miel! —gritó Julia, asustada.

—¡Es que a mí me gusta mucho...! —se justificó. No terminó Julia de recomendarle que iban a picarla, cuando la vio largarse al suelo gritando. Le faltaban piernas para correr y manos para espantarse las abejas y restregarse en el barro para aliviarse del dolor.

Julia y Clara fantaseaban inocentemente con todo lo que podían: cuando se retiraba el agua de las hijuelas de riego, se metían en el barro, cuidadosamente, hasta oscurecer sus piernas de fango, para jugar a tener botas altas y lustrosas. Si la imaginación dictaba que tales botas fuesen blancas, se pintaban las piernas con cal apagada, cremosa, húmeda, para luego desfilar como importantes artistas de cine, riendo como locas.

Siempre le pedían a Juan que las subiera sobre la chata, una especie de vehículo rudimentario tirado por el caballo, que servía para acarrear cosas de la finca de un sitio a otro. Un día su papá aceptó pasearlas en chata. Comenzaron a andar, hasta que el carro dio un barquinazo a raíz de los pozos del camino, y abajo Clara y Julia, quedaron tapadas en tierra, textualmente invisibles, a tal punto que Juan solo las distinguió cuando se despegaron del suelo. Por supuesto, al principio enojadas consigo mismas, nunca más pidieron subir a la chata; es que tampoco había dónde sostenerse, pues era una sola superficie de madera con las ruedas y las riendas del caballo, donde los objetos iban atados para su transporte. Cada vez que se acordaban de la anécdota, era ocasión para hacer reír a toda la familia.

El sol era tan puro en esas tierras de Santa Blanca que Julia recordaba los rostros de sus hermanitas Encarnación y María convertidos en manzanitas rojas después de jugar en la siesta, asomando detrás de las plantaciones.

Llega la época de la cosecha y el padre sale con las niñas más grandes muy temprano por la mañana, cuando aún se ven estrellas en el cielo; regresan a casa cuando las estrellas han asomado otra vez. Durante marzo y abril no hay sábados ni domingos, tampoco escuela ni esparcimiento. Solo trabajo. Es necesario juntar algún dinero, no solo para tener una reserva, sino también para comprar las ropas de invierno y buenos pares de zapatos para esos pies de niñas que crecen sin detenerse. A Julia le da la impresión de no haber estado en el mundo durante los meses de cosecha, de no haberlos vivido. Son tan intensos, que se le figuran como un hueco en el tiempo, recuerdo vago de otra dimensión espacial y temporal.

Solo después las niñas vuelven a la escuela, y comienza otro año de trabajo para Juan: la poda, la preparación de la tierra, el atado de las vides, el riego a través de los surcos, los frutales, la chacra. Ve madurar el sueño de a poco, observa los granos verdes y duros mientras se van transformando en uvas jugosas. Y cuando ya falta un mes para poder cosechar los racimos...

Fines del verano del '23. Marzo ha llegado, inusualmente cálido. La familia está disfrutando la brisa de la tarde, antes del reposo nocturno. En pocos minutos cambia el olor del aire, el cielo se vuelve pesado, de un momento al otro se carga de nubes que chocan entre ellas con rumores de batalla. Francisca y las niñas corren a refugiarse del agua inminente, llevando adentro las sillas, y después Juan trata de bloquear la puerta de la casa con un grueso palo, y lo logra, a pesar de los empujes del viento amenazador.

Tras unos instantes, un fuerte huracán comienza a azotar los campos y las casas, una tormenta de piedra de intensidad fuertísima, devastadora. Pasados algunos minutos, sucede algo diferente: entre el ruido del agua, las piedras y el viento, creen oír a la cabrita gritando o llorando debajo del techo rústico donde la habían dejado, mientras, presas del pánico, ven cómo se mueve la puerta de la casita.

—¡Cuidado, miren cómo se mueve la puerta...! —dice Juan a su familia, sorprendido y asustado. Pero al mismo tiempo, todos intuyen que hay algo más, hasta que identifican gritos humanos que vienen del otro lado.

—¡Ayuda, por favor, don Juan! ¡Doña Francisca! ¡Auxilio!

Son los vecinos, desesperados, pidiendo refugio, mojados hasta los huesos y amargados. El huracán les ha volado el techo de chapas donde tenían colgados jamones, chorizos y otros enseres domésticos. En el ranchito de horcón, de barro y paja, hecho por las manos de Juan, el agua no entra. Está intacto. Esa noche, los vecinos duermen allí. Apenas despunta el alba, salen a mirar lo que ha hecho la piedra.

—No siga don Juan, se va a amargar —le dice don Álvaro Alonso, con lágrimas corriéndole por el rostro ajado de tantas intemperies.

—¡Ay, qué tristeza, tanto trabajo para esto!

Avanzando por los surcos van descubriendo las vides mutiladas, hojas y frutos arrancados, destruidos, el trabajo de todo el año, perdido. Montañas de granizo. Nada se ha salvado en los alrededores de Santa Blanca.

Las mujeres recorren el huerto y lo encuentran reducido a un montón de barro y hojas aplastadas, entre los cúmulos de hielos redondos.

—No se han salvado ni siquiera las frutas de los árboles —llora Francisca— ¡Solo quedarán bajo la tierra unas cuantas patatas! Del resto, nada.

Juan posterga, entonces, sus sueños hechos pedazos y decide partir con Francisca y las niñas hacia el este, por el camino de la llanura. Los André le piden con insistencia que se quede, que aguante un año más: es un buen trabajador. Ellos no lo han perdido todo, tienen terrenos más al norte, camino a Lavalle, donde no ha caído piedra esta vez. Juan les agradece, pero ya está decidido. Un tiempo antes ha escuchado de otros hombres que más hacia el naciente no cae granizo, allí es donde quiere ir. Después de todo, ellos están aún en un ilusorio viaje cuyo destino final es el Brasil. Por eso, Juan continúa su peregrinaje hacia el este, hasta atravesar el Río Mendoza y alcanzar un pueblito llamado Palmira.

SIGLO VEINTE CAMBALACHE

El hogar del asalariado, en cifras poco anteriores a las del año 1920, rozaba penosamente la miseria, con casi tres cuartas partes de los ingresos de todos los de la familia destinados a alimentación y alquiler, en el mejor de los casos. El pago de los alimentos que se consumían en casa equivalía al cincuenta y cinco por ciento de los ingresos mensuales de un hogar trabajador. Si se quitaba además el gasto del alquiler, con el poco dinero restante debían proveerse de calefacción en los inviernos, vestirse, cubrir eventualidades y pagar las medicinas o al doctor, en caso de necesidad. Durante toda la década sucesiva, los artículos de consumo continuaron subiendo de precio en relación al salario. Como si la economía fuese poco para soportar, en el '20 también la naturaleza se ensañó con los argentinos del lejano oeste: primero las inundaciones y después un terremoto muy violento que el 17 de diciembre provocó el espanto de los inmigrantes agricultores recién llegados. Benito recordaba que tres años antes habían sufrido un terremoto fuerte, pero en el este no se había sentido tanto como aquel del año '20.

En la Argentina del '20 se estaba utilizando por primera vez el hormigón armado y esto, en un primer momento, llamó la atención de Benito, que era un joven constructor de veinticinco años. Aprendió a utilizarlo. Sin embargo, el hormigón armado no estaba aún al alcance de la gente y no se incorporó inmediatamente en las edificaciones de los pueblos que, por mucho tiempo, siguieron haciéndose de adobe. Los conocimientos antisísmicos y su aplicabilidad, así como su carácter necesario, estaban todavía en el acervo de los intelectuales. La gente común construía por instinto, si bien muchas veces acertado.

En las planicies del desierto mendocino, a los simpáticos ranchitos aislados se les podía hacer muros muy gruesos, alerones generosos hacia los costados para bloquear las lluvias, elegir la ubicación de modo que no fueran afectados por las corrientes aluvionales y distribuir los espacios y las aberturas de una forma regular. Estas arquitecturas de adobes, que en el campo resistían los embates del agua y los movimientos telúricos, en los pueblos, en cambio, eran a veces peligrosas trampas mortales para sus moradores. Vulnerables a la humedad y al sismo, implantadas en las ciudades, adoptaron el esquema tradicional de la "casa chorizo" o "casa tren", derivada de dividir en dos la típica *villa* romana. Procediendo así, las privaban de simetría estructural, su distribución de aberturas a veces no era la mejor para resistir a un terremoto; además, su disposición y austeridad paisajística las predisponía a ser maltratadas por las lluvias. Esto hacía que estuviesen sujetas a una permanente intervención de mantenimiento. Pero, acertada o no, era la usanza de la época en una zona en que las lluvias "molestaban" solo pocas veces al año.

Los Rodríguez, como otros, habían comprendido que en una tierra donde el alimento era tan costoso, tan incidente en la economía familiar, la solución estaba en producir esos alimentos, tanto para consumo propio como para la venta. Esto sería, finalmente, lo que les daría la posibilidad de ahorro y de crecimiento, al ser ya propietarios.

De modo que cultivaban todo lo que podían y criaban algunos animales de granja; así, poco a poco, fueron adquiriendo una posición económica mejor; pero Claudio, el "cabeza de familia" solo en los papeles, siendo amablemente sociable y simpático, gustaba mucho de las fiestas y de agasajar a sus amigos. No reparaba en gastos, aun hasta poner en peligro la estabilidad económica familiar. Benito no veía esto con buenos ojos. Como hijo mayor, notaba que era necesario asumir las riendas, guiar al grupo desde sus principios de responsabilidad, antes de que su padre dilapidara los ahorros familiares y dejara a todos en la ruina. En 1927, época de profunda crisis, nadie edificaba, cosa preocupante ya que esa era su profesión. Intentando encauzar a los hermanos y a sí mismo en una actividad económica redituable, viajó a Buenos Aires, acompañado por otro productor de apellido Meli, con el objeto de colocar a la venta en el mercado central —lugar que había conocido bastante diez años antes, mientras buscaba a su hermano— algunos frutos producidos en Mendoza, especialmente ciruelas, no solamente de su chacra familiar sino principalmente de fruticultores de la zona.

La fruta mendocina era, en ese entonces, muy apreciada en Buenos Aires. Tuvo una buena respuesta por parte de los compradores y los pedidos empezaron a llegar. Los hermanos debían enviarle cargamentos de fruta por tren, y él, en la Capital Federal, debía distribuirlos para responder a los contactos de venta hechos con anterioridad. Pero los hermanos le mandaban fruta madura, que cuando llegaba ya estaba más madura de lo aconsejable. Cada día enviaba un telegrama a sus hermanos, solicitando que enviaran mejor fruta, en buenas condiciones. A pesar de sus reclamos, la fruta seguía llegando en mal estado; hasta que Benito se cansó, dejo el proyecto de la fruta, regresó a San Martín y se independizó de su familia, abandonando su participación en la producción económica de los Rodríguez. No obstante, ganó algún dinero, que utilizó para comprar una gran casa en calle Espejo, a media cuadra de 25 de Mayo y a una cuadra y media de la estación ferroviaria. La había dividido a lo largo con grandes plantas en macetas y la alquilaba a dos familias: costado este y costado oeste. Se estableció como constructor, propietario de casas para venta y alquiler.

Del '20 al '27 sucedieron muchas cosas relevantes en el ámbito político, económico y social de la Argentina: desde la emoción por la salida al aire de la primera transmisión radiofónica, hasta el fusilamiento en la Patagonia de los dirigentes de la huelga rural; desde la propuesta de un candidato seguidor avalado por Irigoyen, hasta la división del partido por desacuerdos entre ambos hombres; desde la extensión de la jubilación a amplios sectores de trabajadores, hasta el veto de la misma ley en meses sucesivos. Un año se sancionó la ley que regulaba el trabajo de menores y mujeres, y al año siguiente hubo récord de tráfico de mujeres europeas, especialmente polacas, para el ejercicio de la prostitución. En el '25, Albert Einstein visitó la Argentina para explicar la teoría de la relatividad justo dos años después de que los empresarios comprendieron a fuerza de ley que no era relativamente justo pagar a sus empleados con bonos emitidos por ellos mismos. En medio de la ensalada contradictoria de la década del '20 surgió la voz inolvidable de Libertad Lamarque, quien debutó en el Teatro Nacional y conquistó los corazones románticos del siglo. El '27 no terminó sin marcar a Mendoza con dos hechos tristes: un terremoto fuerte en abril y la llamada "Tragedia de Alpatacal", cuando un tren que hacía el recorrido desde Chile chocó de frente con otro tren que esperaba para partir en una pequeña estación de La Paz, dejando un reguero de muertos y heridos. En octubre de ese mismo año, en el Océano Atlántico, a la altura de Brasil, se hundió el *Principessa* Mafalda, en el que viajaban argentinos y familias completas de inmigrantes italianos que habían abandonado aquella Europa aún sombría, dirigiéndose a Brasil y a la Argentina para reencontrarse con sus parientes y amigos del Nuevo Mundo. Perecieron trescientas personas. Los que sobrevivieron decían que la nave era vieja y ya no estaba en condiciones de soportar esos viajes.

Me contaron acerca de Emma, una bella italiana de Pordenone, que llegó a la Argentina en el penúltimo viaje del *Principessa* Mafalda. Iba al encuentro de su marido y primo, Vittore, que en Buenos Aires la esperaba con ansias. La esperaba, era un modo de decir, porque la carta de ella aún no le había llegado. Se suponía que allí le confirmaba la partida y la fecha de llegada. Emma miró desde el barco, pero a su marido no lo vio. Cuando descendió del barco, rodeada de su ramillete de hijos bellos, y luego de todas las complicaciones propias del arribo, viendo que la gente se iba dispersando, Emma y sus hijos comenzaron a sentirse solos en el mundo, porque el padre de los niños no se había presentado. Un italiano gentil la descubrió luego, sentada en sus baúles, hecha un mar de lágrimas. Tal era la desesperación de ella que el hombre le propuso la alocada idea de ir al barrio de los italianos a visitar las pensiones en búsqueda de su marido. De modo que comenzó la procesión de cabecitas rubias, con Emma a la cabeza, como la pata con sus patitos buscando el nido. La angustia se apoderaba de ella a medida que avanzaban y no lo encontraba. El atardecer se acercaba, pronto sería de noche. De repente, se hizo el milagro: en la barra que sostenía la cortina del baño de la última pensión, Emma descubrió una toalla que ella misma había bordado dos años atrás, bañada por el último rayo de sol que entraba a través de la ventana entreabierta; así supo que había encontrado por fin a su marido.

La aventura de América en la segunda y tercera clase de esos barcos repletos, en esos puertos a la vez amables y crueles, era todavía tan arriesgada que cada inmigrante que llegaba protagonizaba una anécdota para el recuerdo y algunos, como Francisca, Juan, Claudio y Benita, verdaderas historias de novela. Pero, ¿por qué Emma y Vittore dejaron la Italia de sus amores si vivían muy bien con el oficio familiar de carpintería fina? Es que América, el nuevo continente, era también visto por muchos europeos como el nuevo aire. No solo buscaron esta vía los que padecían de hambre o temían encontrarlo en el futuro. Todo aquel que quería cambiar, liberarse de viejas estructuras, respirar, se subía a los barcos en busca de la nueva vida. Emma y Vittore establecieron su familia en Buenos Aires, luego en otras provincias, hasta que en el treinta y pocos se trasladaron a la ciudad de Mendoza, siempre con el oficio edil, del cual Vittore se destacó como experto encofrador y, como tal, se convirtió en maestro. Escapaban de las rigideces de un mundo antiguo, de una familia que se había vuelto matriarcal y autoritaria, donde los ingresos eran manejados por "*la mamma*", y cada hijo, aun casado y padre, siendo un adulto trabajador, debía dar explicaciones del mínimo gasto a fin de obtener sus monedas para hacerlo. Además, en la tierra del Dante ya estaban en boga los enfrentamientos entre connacionales de diversas facciones, que signaron el destino actual de los italianos como nación moderna. No eran tiempos buenos para quedarse allí criando hijos pequeños.

El paraíso terrenal que buscaban no lo encontraron tal como lo imaginaban. Encontraron una mezcla característica de lo sublime con lo miserable, como en todo el mundo, pero mucho de lo segundo, para su gusto. Si bien agradecieron las puertas abiertas y los frutos del trabajo que se les ofrecían, ellos estaban acostumbrados al respeto de la palabra dada, como Francisca y Juan, como los Rodríguez de Monsagro y tantos otros. Mas en América hallaron la paradoja de un país bien parido, pero mal llevado, más que nunca definido a la perfección por el tango "Cambalache" de Discépolo. Cambalache significa compraventa y cambio de artículos, generalmente usados, de la más diversa índole; se enfatiza la "poca transparencia" y la "falta de respeto" con la cual se yuxtaponen cosas altruistas con otras banales, tal como se presentaba la época a ojos de sus protagonistas. Ellos amaron el tango porque reflejaba su presente y sus nostalgias. Aprendieron sus letras y autores de memoria. Para la mayoría, salvo algún gran golpe de suerte o de ingenio, no se podía prosperar más de un cierto punto sin ceder a los propios principios morales o a los riesgos excesivos que podían poner en peligro a la familia; como había sido siempre en todo el mundo, pero exagerado. La Argentina de la época era como ese juego de las kermeses en el que los niños se divierten con un martillo, golpeando las cabecitas de los sapos cuando emergen. Si se lograba subir algo, ver la luz de una manera concordante con la cultura del esfuerzo honrado, siempre caía el martillazo sobre la cabeza, de una parte, o de otra, según soplara el viento. Ellos soportaron más de diez años, hasta que a mediados del '38, harto de la Argentina, Vittore, con once hijos ya, tomó la decisión de finalizar algunas obras iniciadas y luego volver a Italia. Emma bailaba de alegría alzando por el aire en brazos a su pequeño Beppo, que ya había alcanzado la edad de las primeras letras, quien me contó la historia. Pero no, no regresaron. Mientras se terminaban trabajos iniciados y se preparaban mentalmente para el gran cambio, comenzaron a llegar noticias de que otro conflicto bélico de características mundiales estaba por estallar, con epicentro en Europa. Emma y Vittore no tenían la intención de exponer a su familia a semejante caos. Sabían lo que era la guerra porque habían estado allí en el '14. Así les pasó a muchos desilusionados que pensaban retornar y no lo hicieron. Para otros, esta es una historia más de inmigrantes, sin embargo, me despierta un gran afecto porque conocí a varios de sus protagonistas: después de muchas décadas, Beppo, ese niño que Emma sostenía entre los brazos mientras festejaba la idea del ansiado regreso, pasó a formar parte de mi familia, y, por esas bromas macabras del destino, se nos murió en Italia, a punto de conocer la tierra paterna del Friuli, que había sido el objeto de la nostalgia de sus padres y hermanos durante toda la vida. Beppo era una persona íntegra, como aprendió de sus padres. Una buena persona, un amigo leal, mi compañero de las clases de italiano, mi suegro. Y al final, un gorrión triste que quería volar de la jaula, de ese cuerpo gastado y deseoso de reunirse otra vez con Isabel, a quien nunca dejó de amar, ni aun después de muerta. Siempre recordaba a su padre, Vittore, que rezaba su desilusión con la famosa y premonitoria frase familiar: *"Povera Argentina..."*

Pero volvamos unos años, a la época en que Benito se las arreglaba con la fruta en Buenos Aires y Juan, con Francisca y las niñas, se estaban estableciendo en Palmira, de paso hacia su ilusorio Brasil.

PALMIRA

253

Palmira, en ese entonces, era un pueblo muy especial, casi una gran familia: la familia del ferrocarril. Era un orgullo para sus miembros pertenecer a esa "elite"; el carácter estratégico de la actividad daba a la empresa ferroviaria la capacidad de posicionar bien a sus empleados. La gran mayoría de los palmirenses trabajaba en este oficio próspero. En el '23 Juan y Francisca con las cinco niñas, la cabra y la perrita se fueron de Santa Blanca y llegaron a una finca en formación, muy cerca del pueblo de Palmira, donde Juan tenía que trabajar un viñedo de siete hectáreas, para hacerlo producir. La paga era buena y además les permitían formar una granja y una huerta para consumo propio y para vender, así que, manos a la obra, la familia se afianzó en esas tierras al este del Río Mendoza. Parecía que venía otro niño en camino.

—¡Doña Francisca! ¡Que necesitamos cinco gallinas y una buena cantidad de huevos para la torta! ¡Que se nos casa el hijo!

—Entre, entre, aquí usted *pode escogerlos ... Temos* muchos huevos esta semana ...

Francisca muy pronto se hizo querer por su bondad y su trato afable. Cuando hablaba mezclaba algunas palabras en portugués, pero sus dificultades eran compensadas por su simpatía y hospitalidad. Cuando los empleados del ferrocarril cobraban los sueldos era buena ocasión para acudir a lo de Francisca, ella les vendía pollos, conejos, lechones, huevos, que su granja producía de modo abundante. En fin, disfrutaban de una vida más sociable y además las niñas podían tener la escuela más cerca de su casa: la conocida escuela Martín Güemes. En noviembre de 1923 nació Catalina, la penúltima. Cada vez que esperaba, Francisca revivía el dolor de sus varones muertos; si bien habría querido darle el varón a Juan, agradecía cuando paría una niña. Más adelante, en septiembre de 1925, llegó la más pequeña, Cándida.

En Palmira hicieron amistades duraderas, principalmente con las familias Álvarez, Tripi y Ruta, estos últimos italianos. Se hicieron compadres de los Ruta teniendo como ahijados a sus últimos hijos. Los vecinos siempre se reunían a festejar los acontecimientos felices de todos.

—¡Tírelo al fuego! ¡Todo, todo lo que trae! ¡De lejos, así! ¡Cuidado *m'hijito*, no se vaya a quemar!

—¡Don Juan! ¡Qué los cumpla feliz! ¿Una copita?

—¡Sí don Tripi! ¡Pero no me sirva tanto que mañana es miércoles! —reía Juan D'Almeida.

Para el día de San Juan, único santo del cual se conmemora su nacimiento, el 24 de junio, Juan hacía una gran fogata en la calle, como era la usanza en esa época, y festejaba su santo. Los vecinos iban a felicitarlo y bailaban alrededor de la fogata con la música que ellos mismos ejecutaban: Tripi con su acordeón, Ruta con flauta y armónica, Juan con aparatos de percusión, improvisaban una original orquesta para cantar y bailar a la par todos, niños y grandes, bebiendo y comiendo algunas dulzuras caseras. Durante esos años San Juan cayó en domingo o entre semana, así que nunca lo pudieron festejar hasta muy tarde, porque al otro día se trabajaba; por eso la fogata comenzaba cuando apenas se había ido el sol y proseguía hasta que terminaba el baile. Era también una fiesta heredada del Viejo Mundo, donde se festejaba el solsticio de verano en el hemisferio norte y el agradecimiento por la bendición que llegaba a través de la cosecha.

Por las noches, después del trabajo, Juan y Francisca se reunían junto al fuego con las siete niñas: Julia, Clara y Emilia —las tres mayores—, María, Encarnación, Catalina y Cándida —las menores—. Daban gracias a la vida, pues, aunque había sido un constante empezar de nuevo, no les faltaba salud, ni amor, ni trabajo. Más aún, parecía que la suerte comenzaba a iluminar a los D'Almeida, pues surgió para Juan un magnífico contrato con un propietario de San Martín.

Era usual en aquellas épocas la figura del contratista de plantación. Los dueños de los terrenos incultos los ofrecían a los contratistas por cierto tiempo, a cambio de que ellos transformaran los predios en terrenos productivos. Podían darse diversos acuerdos, desde el pago con los propios frutos de la tierra hasta la cesión de terrenos. Claro estaba que el contratista arriesgaba su capital y su trabajo, mientras que el propietario, su terreno virgen.

—Francisca, en el negocio de don Ruta he conocido a un hombre, un abogado de San Martín. ¿Sabes que me ha propuesto un contrato muy bueno, más al este? ¿Qué dices?

—Te veo con dudas, ¿qué hay que no me estás contando?

—El problema es que no nos permite tener animales, habría que venderlos, ni siquiera la cabra lechera. Hay otra cosa más: se trata de invertir nuestros ahorros.

—¿Y cómo sería de bueno este contrato, para que dejemos todo lo que tenemos aquí, para que no podamos ni siquiera tener una cabrita lechera?

—Es un terreno inculto, donde habría que hacer un viñedo desde los comienzos. Preparar la tierra, plantar los postes, poner las plantas, cuidarlas, durante tres años... él pone el terreno y nosotros ponemos el trabajo y todo lo demás. Con la primera producción me devuelve todo lo gastado, y dividimos en dos las ganancias obtenidas, una parte para él y una parte para nosotros.

—Habría que empezar de nuevo y tres años de sacrificio...

—Pero con lo que ganemos podríamos comprar una finquita propia donde quieras ¡o podríamos por fin llegar al Brasil! ¿Imaginas lo que sería finalmente tener nuestra propia tierra?

—El '25 *va bene*, para usted, don Juan, *ma che pecato che deva andare via...* –repetía don Ruta, su compadre y amigo, lamentándose de que Juan se tuviera que mudar.

Allá por el '25 en La Colonia, pegadito a San Martin, Mendoza, vivía un abogado dueño de unas tierras apropiadas para el cultivo de la viña. Era obvio que él mismo jamás se ensuciaría las manos con esos menesteres. Era un ser vil, despreciable, despojado de cualquier prejuicio moral, condición que disimulaba detrás de su pomposidad y sus artes retóricas. En Palmira había conocido a Juan D'Almeida, un portugués de quien tenía muy buenas referencias. El abogado había logrado convencer al portugués para que se estableciera con su familia en sus tierras vírgenes y le construyera los viñedos comenzando desde cero, sin tener que invertir él mismo ni un centavo.

—¡Ingenuos inmigrantes, que vienen de Europa, del campo y creen lo que les diga cualquier señorito, sin firmar ni siquiera un papelucho! —el abogado se frotaba las manos saboreando el negocio.

LA TRAICIÓN

El hombre era conocido por Salvador G., que no voy a contarles su apellido por piedad con sus descendientes, si es que los tuvo. Se hacía tratar de doctor. Sus terrenos estaban incultos, y quería que Juan hiciera el viñedo. La familia se trasladó nuevamente, con las esperanzas nostálgicas que siempre aparecen en los peregrinos cuando dejan atrás algo querido, pero sospechan que lo que vendrá puede ser precioso. La nueva tierra estaba ubicada en los comienzos de Junín, población de La Colonia, separada de San Martín únicamente por el Canal Sur Alto Verde, que aún hoy delimita políticamente los dos departamentos: San Martín al norte y Junín al sur; pero la gente de esa zona realizaba su vida en función de San Martín, como villa cabecera. Así fue como los portugueses Francisca Maria, Juan D'Almeida y sus siete hijas De Almeida, se establecieron en las cercanías de Isidoro Bousquet y la "Calle Húmeda", que así llamaban a la actual 9 de Julio.

Para las niñas fue un cambio rotundo. Julia, la mayor, casi alcanzaba los quince años. Lo que más tristeza les daba era dejar a sus nuevas amigas, dejar una finca que empezaba a producir y caer en tierras incultas nuevamente, con personas desconocidas por todas partes.

Juan insistió para mantener con ellos a la cabrita lechera, pero este nuevo "patrón", que como tal se comenzó a comportar apenas obtuvo la aceptación de Juan, exigió que la vendiera porque no quería animales en su finca, ni en corral y menos aún sueltos. Las hijas de Juan, aunque muy jóvenes, le ayudaban a trabajar la tierra, y hacían sus propios experimentos en macetas para cultivar hierbas aromáticas y flores. Julia adoraba los humildes malvones rojos y rosados, los helechos, las fresias, los geranios y amaba la dulzura de los jazmines.

Los vecinos más cercanos estaban a casi un kilómetro, sin embargo, se las arreglaban para juntarse entre todos los habitantes de la zona y conocidos. Todos tenían una vitrola en casa, para escuchar música y bailar. Cada domingo la reunión se hacía en una casa diferente. Las madres llevaban a sus hijos jovencitos, varones y chicas, además de uno o dos discos para que la juventud bailara. Eso sí, no más de las cinco de la tarde. Los eventuales anfitriones preparaban las famosas orejuelas fritas espolvoreadas con azúcar, y una taza de café. A las ocho de la noche volvían todos a sus casas, felices y comentando la jornada con sus madres. Julia, descubriendo el nuevo ambiente con ojos de adolescente, atesoraba en su corazón la primera pieza musical que había bailado: fue la ranchera "Mate Amargo", que sabía cantar de memoria.

Una de esas tardes, el último de esos bailes campestres antes del invierno, un jovencito bailó dos veces con Julia y se enamoró de ella, que ni se dio cuenta.

—Padre, ¿de qué familia es la chica? —preguntó el joven, sin perder de vista a Julia.

—Son unos portugueses llegados hace poco de Palmira, brava gente. Si le parece, *figlio mio*, se puede hablar con la familia, si quiere visitar a la muchacha seriamente. Los D'Almeida también veían con buenos ojos a la familia

De Luca, estos últimos con una posición acomodada en el entorno social de La Colonia.

Después de un tiempo, Juan le compró a Francisca una máquina de coser a pedal mucho más moderna que la vieja maquinita a manivela que tenían en Corralitos allá por el '15. Venía con un curso completo de bordado a máquina. Entonces Julia, ya con diecisiete años e interesada en esta formación, obtuvo el permiso de su papá para seguir las lecciones en el centro del poblado, a dos kilómetros de la finca, para aprender a hacer las puntillas *richelieu*, la moda del momento. Un par de días a la semana, a las nueve y media de la mañana dejaba de trabajar en los viñedos, se preparaba a toda velocidad y corría dos kilómetros para llegar a tiempo. Cuando pasaba por la plaza se sostenía el sombrerito, para contrarrestar la brisa que se agudizaba entre los árboles, mientras las telas de su vestido se volaban con el viento de otoño. Un día su sombrero se cayó y fue a parar al centro de la calle. Un gentil caballero rubio y bronceado que atravesaba en ese momento se lo recogió del suelo y lo puso a su disposición con una venia, mostrando una educación y un porte dignos de un verdadero noble del viejo mundo. Los ojos marrones de él se encontraron un instante con los de Julia y al joven, bastante mayor que ella, le pareció que se había detenido el tiempo. Se quedó sin decir una palabra. Luego Julia le hizo un saludo cortés con la cabeza, le agradeció y se alejó velozmente por la acera. Sentía que había perdido el respiro, y no sabía precisar bien si era por la agitación de la carrera o por el instante vivido, que se le figuraba en la mente una y otra vez hasta dominarle la voluntad. Sus pies fueron bajando el ritmo, disociados del pensamiento. Ese día llegó tarde al curso de bordado. Después no se lo dijo a nadie. Atesoró y luego adormeció la imagen del momento en su corazón, como algo fuera de lugar, un imposible.

Juan, que no tenía hijos varones, con la ayuda de sus tres hijas mayores cavó los pozos, colocó postes, alambres, y plantó las vides. Se fusionó con el surco. Sus manos ajadas tomaron el color de la tierra, y por fin acariciaron el fruto, con el orgullo de un artesano. El esfuerzo, la perseverancia y el amor habían hecho florecer el páramo inculto. Sus hijas fueron creciendo con las plantas y la uva. Tres enteros años de su vida albergó ilusiones, esperanzas basadas en el trabajo, poniendo casi todos sus ahorros en este proyecto de vida. Mientras, Francisca cumplía con el trabajo de la casa, la huerta y la crianza de las niñas, cuatro de las cuales eran aún muy pequeñas. El plazo pactado con el propietario estaba llegando a su fin; Juan había tratado de insinuar, sin éxito, que debían reunirse para hacer las cuentas y por fin recibir el pago por tanto sacrificio. Había estado viendo terrenos para comprar, planificando, saboreando la felicidad de tener su propia tierra. Salvador G. hacía caso omiso de las insinuaciones, se hacía el desentendido con Juan. Cuando se cumplieron los tres años estipulados en el acuerdo verbal, ya con los viñedos dando fruto, Juan fue a hablar con el propietario de la tierra, con el objetivo de recibir su parte, como habían pactado. La cocinera le dijo que no estaba, pero Juan esperó a cien metros de la casa, justo para ver que estaba, puesto que salió, subió en su cochecito de paseo de color verde, tirado por un caballo negro lustroso y se dirigió al pueblo por el mismo camino donde estaba Juan. Este, aprovechando la oportunidad, se puso en un costado del camino haciendo un gesto con el brazo.

—¡Ah, don Juan D'Almeida!, tengo poco tiempo, ¿qué lo trae por aquí?

—Doctor, estoy queriendo hablar con usted desde que empezó la cosecha. Para arreglar las cosas; la viña ya está dando fruto bueno, tendríamos que ver el tema del dinero, como habíamos quedado.

—Mire, don Juan, eso de "como habíamos quedado" hay que verlo bien, ahora tengo un compromiso, estoy muy ocupado, ¿por qué no viene la semana que viene y hablamos bien del tema? Hay unas cuantas cositas que aclarar —a Juan no le gustó que se hubiera hecho negar, ni que pusiera el pacto verbal en discusión.

—El lunes estoy por su casa.

—No, hombre, el lunes no, venga el miércoles.

—El miércoles será. Que tenga buen día.

Cuantas veces acudió, el miserable se hizo negar. Las primeras veces lo negaba la casera; la última vez apareció un matón para decirle a Juan que no insistiera más, que de qué trato estaba hablando, que no había tal trato, que su patrón no le debía ni un mísero centavo, que habían vivido gratis en sus terrenos por tres años y que tenía hasta el domingo para largarse de sus tierras o lo denunciaría a las autoridades.

Juan, por primera vez, alcanzó los límites humanos de la impotencia mansa. Había soportado muchas angustias en su vida, la mayoría de ellas signadas por la moneda de la fatalidad, como la pérdida de sus padres en Portugal y sus hijos varones en la nueva tierra. Continuas pérdidas y destierros eran quizás el camino, por una parte, elegido, por otra parte, aceptado a la fuerza. Pero esto era diferente. Era un dolor innecesario, causado solo por la perfidia humana. De repente, se sintió hermanado con los protagonistas de otros dolores similares. Comprendió más que nunca al abuelo de Francisca, recluido en su taller de carpintería; en ese instante el pasado se fusionó con el presente y vio, a través de los ojos del abuelo José, a los ingleses en sus caballos ofreciendo sus monedas por las tierras; incluso sin conocerla, sintió el grito de Benita cuando se supo robada, porque los ecos de ese lamento quedarían para siempre flotando en el espacio común de los desesperados. Entonces, el presente se unió con el futuro. Y vio. Vio que el daño no recaía solo en él, sino en su familia, Francisca, las niñas, que habían trabajado tanto. Vio el futuro que había imaginado para sus hijas destruido por la ambición de un miserable. Hasta ahí llego su contención.

—¡No vayas, Juan! —reza Francisca, desesperada. Juan ha llegado hasta el límite de su humanidad, donde nunca imaginó llegar. Juan, el justo, la persona más buena del mundo, el que cumple su palabra porque de otro modo no podría vivir, el que nunca le hizo mal a nadie, el que solo defendió, el que sufrió pérdidas terribles solamente llorando o apretando los dientes, aceptando estoicamente su destino. Ahora descubre que puede hacer cosas que se había juzgado incapaz de hacer y comprende a los que las hacen. Está cargando su viejo revólver, con el rostro desfigurado por la rabia, fruto de la traición, maldiciendo mil veces a Salvador G.

Está dispuesto a recuperar lo que le pertenece o matar al maldito. Se pone el arma detrás, debajo del cinturón, se pone el abrigo, se calza el sombrero y, sin nada en las manos, sale a esperar al traidor al cruce por donde pasa de vuelta todos los días. Recuerda el rostro de Francisca, que se ha quedado llorando y rezando, rogándole que no lo haga. Pero Juan está demasiado herido, demasiado destruido moralmente. Acecha en las sombras, listo para salir a la luz y hacer justicia. Sabe que lo que va a hacer es una cosa muy grave. Se le eriza la piel, aprieta los puños, golpea el muro con desesperación, cada rumor lo altera y con cada ruido lejano se prepara para el infierno.

Las horas transcurren lentas mientras Juan espera detrás de una pared, cavilando. Pero el pérfido no pasa en todo el resto del día por el lugar acostumbrado, donde el ofendido está apostado en alerta. Juan empieza a pensar que alguien le ha avisado. En realidad, el miserable se lo ha olido y ha cambiado su recorrido ese día. Los rezos de Francisca han sido escuchados. Para Juan es una señal divina. Con el cuerpo entumecido de estar quieto, otra vez recuerda las lágrimas de Francisca, y en ese momento decide retornar a casa y perdonarle la vida a este mal hombre, cuyo nombre será mala palabra de allí en adelante. Pero también decide, más bien se hace un juramento a sí mismo, a modo de sentencia: que nunca más él o ninguna de sus siete hijas trabajarán la tierra de otros.

La vida siguió su curso, también para Salvador G. Compró las tierras vírgenes que Juan tenía en mente para él mismo, un poco más lejos, por la misma Calle Húmeda. En esa época, Salvador conoció a otro incauto con ilusiones, Waldemar, recién llegado de Polonia oriental, casi ruso, hombre fuerte, colorado, con algunos ahorros, mujer y cuatro hijos fuertes que eran adolescentes en aquel momento. Había ayudado en la guerra como enfermero de las amputaciones a los soldados heridos, pero a él le gustaba trabajar la tierra. Como a Juan D'Almeida, Salvador G. lo puso a trabajar las tierras nuevas, esta vez con frutales, hasta que, dos años después, sus gruesas manos cosechaban los duraznos más dulces y las cerezas más grandes que nunca nadie por aquellos parajes había visto.

Janina, la dulce mujer de Waldemar, cantaba mientras preparaba una mermelada exquisita, cuando Salvador G., atraído por el aroma que inundaba la finca de delicias olfativas, se presentó con su mastín en la casa que el mismo Waldemar había construido con sus manos, para vociferar, con un cuchillo en su mano derecha, que quién les había dado permiso para comerse su fruta. Waldemar y su mujer, que ya hacía tiempo estaban esperando el reembolso de los gastos y la mitad de lo recabado por la producción, fueron exhortados a abandonar la finca sin un centavo antes del fin de esa semana.

Cuatro días después, saliendo de la bañera en su caserón, Salvador G. sintió unos ruidos que venían de la cocina. Se cerró la bata de raso, abandonó el estudio en pantuflas y silbó al perro para que acudiera a su lado, pero el perro no fue, ni siquiera se sentían sus ladridos. Se dirigió a la cocina a ver qué le había sucedido a su cocinera que no le había llevado la infusión de tilo a su habitación. Encontró la cocina vacía, lo que le pareció muy extraño.

—¡Humberto! —tampoco estaba el muchachito que mantenía la quinta en orden. Ya asustado, llamó repetidas veces a su hombre de confianza, que siempre estaba alerta alrededor de la casa— ¡Emilio! ¡Emilio, qué pasa!

Waldemar y su hijo mayor lo asaltaron por detrás, lo sentaron en una silla de la cocina, le ataron los pies a la silla con una cuerda, le ataron la mano izquierda hacia atrás en los travesaños a su espalda, pusieron delante de él una pesada mesilla de troncos que tenía las marcas del cuchillo que la cocinera utilizaba para cortar las patas y las cabezas de las aves que preparaba. Mientras Salvador se resistía, fijaron su mano a la mesa con alambres, comenzaron a calentar un yunque en la cocina a leña, mientras veían que se iba poniendo al rojo vivo, y trajeron un hacha afilada que encontraron cerca de la leñera, a la salida de la galería de la parte posterior, hacia donde se abría la puerta de la bella cocina de campo.

Cuando Salvador G. se dio cuenta de lo que iban a hacerle, comenzó a deshacerse en promesas, prometió oro, dinero, joyas. Waldemar le mostró un grueso fajo de billetes sujeto con un cordón de seda roja.

—Solo quiero lo mío —y Salvador G. comprendió que ya se habían cobrado su dinero del cajón de su estudio. Arremetió con amenazas desesperadas y advertencias sin sentido, mientras veía venir lo inevitable.

Waldemar dijo en su lengua natal una cosa que Salvador no pudo entender, luego en un sufrido castellano, lo tradujo: "El ladrón tiene que aprender". Levantó el hacha por el aire y, con toda la fuerza de la rabia que le inspiraba ese ser despreciable, descargó el golpe piadoso, que hizo caer la mano derecha del miserable en el piso recién barrido de la cocina. Curiosamente, la última imagen que Salvador tuvo en su mente antes de desmayarse fue el olor a la mermelada de Janina, que aún impregnaba cada rincón de aquellos parajes y que le había servido de excusa para buscar el conflicto y provocar la ruptura. Antes de que el chorro de sangre fluyese tanto como para dejar sin vida al traidor, el hijo de Waldemar sostuvo con dos trozos de cuero el yunque al rojo vivo y lo aplicó en el muñón, cauterizando el limpio corte. Un olor a carne chamuscada se mezcló con el aroma de la compota de duraznos que su cocinera había puesto a enfriar momentos antes sobre el mesón.

Cuando Salvador se despertó del desmayo, tuvo que vociferar larga y dolorosamente para hacer reaccionar a sus sirvientes del sopor de cloroformo y así lograr que fueran a buscar a un médico discreto. A Waldemar y a su familia no los vieron más. Salvador G. no los buscó ni los denunció y prohibió a sus sirvientes que contaran lo sucedido. Pero alguien habló —siempre alguien habla— y así el suceso llegó a los oídos de Juan con todos los detalles. Sus conocidos, que no habían visto a Salvador por varias semanas, un día comenzaron a verlo pasar con un guante negro en la mano derecha, que no se sacaba nunca. Salvador no pensaba más en Waldemar. Curiosamente, la mano cortada solo le traía a la memoria a Juan D'Almeida. Una vez le preguntaron en el bar De Luca por qué nunca se sacaba el guante negro de esa mano, y él respondió que estaba pagando una pena por un pobre hombre al cual le había hecho mucho daño. Los niños de la calle Húmeda, cuando lo veían pasar, decían en secreto "Ahí viene don Salvador Mano Negra" y se escondían.

Un viernes, después de mucho tiempo —Juan ya era abuelo—, cuando el dolor se había atenuado muchísimo, pero los recuerdos aún continuaban allí, Juan D'Almeida tuvo un sueño en el cual él mismo estaba sentado a la mesa de la cocina, leyendo el periódico de la mañana, y sintió que golpeaban a la puerta; después de un momento, entró el traidor, se acercó con el sombrero en la mano izquierda, recortado sobre la luz de la ventana, y le pidió perdón, suplicante. Se quedaron mirándose a los ojos, porque Juan no podía articular una palabra. Lo único que quedaba del viejo Salvador Mano Negra eran los ojos oscuros y penetrantes, hundidos en un rostro anguloso y arrugado.

Suavemente, forzando la persistencia de la imagen, esa mañana se había despertado sin comprender el porqué de ese sueño extraño. Luego del desayuno la casa se llenó con el alboroto juvenil. Sus nietos habían ido a visitarlo. Entre conversaciones y risas, su nieta Victoria, que sabía de los sufrimientos pasados por su abuelo, se quedó en silencio de repente; recordó un suceso de la jornada anterior y se lo contó: había visto pasar una carroza fúnebre con el nombre de aquel traidor. Al saberlo, Juan quedó un instante quieto y silencioso, suspendido en la maraña de recuerdos y dolores pasados que lo habían lastimado tanto. Comprendió que, antes de partir hacia el infierno merecido, el traidor había querido saldar cuentas, reconciliarse con las personas a quienes había hecho tanto daño. En ese momento Juan le confesó a su nieta Victoria su sueño de la noche anterior, mientras mostraba cómo se le encrespaba su piel por la impresión. Entonces, descubrió que en su corazón ya no había odio. La muerte amansadora, justiciera implacable, lo había desdibujado. Con paso lento se fue a su habitación a rezar, para que Dios pudiera perdonar el alma de Salvador "Mano Negra".

JULIA Y BENITO

Volviendo atrás en el tiempo, después del desengaño de la traición, Juan entró a trabajar como sereno de bodega en Hansa, frente a la estación ferroviaria, allí mismo, en La Colonia. Sus amigos, los De Luca, lo habían recomendado. Corría el 1928. Cerca, había encontrado una pequeña vivienda en alquiler.

Hacía tiempo que Julia era objeto de las atenciones del joven De Luca, aquel que había bailado con ella en la última fiesta juvenil. Los De Luca eran unos italianos de buen pasar, que tenían un conocido bar y ramos generales en la calle principal de La Colonia. El muchacho estaba pendiente de ella en la iglesia, o en contadas ocasiones, en la plaza. Julia era muy casera, inexperta en asuntos del corazón, no muy salidora, las pocas veces que paseaba con sus hermanas, y aparecía De Luca por allí, se saludaban y cruzaban algunas respetuosas palabras. Ella, por supuesto, se sentía halagada de ser el centro de las atenciones de un joven, y se preguntaba, romántica, si ese sería el inicio de lo que los mayores llamaban amor. Más de una vez le había vuelto el recuerdo del caballero que le había recogido el sombrero aquel día, pero no lo había visto de nuevo.

A menudo, por aquellas épocas, era común que las hijas aceptaran sumisamente la voluntad de los padres en cuanto a la elección del futuro marido. Así es que Francisca y Juan, un buen día, fueron "hablados" por los padres del joven para formalizar las visitas entre sus respectivos hijos. La cosa le cayó bien a Juan D'Almeida, siempre que estuvieran acompañados en todas las ocasiones, como correspondía a una chica de buena familia. Era una situación extraña para Julia, quien, sin haber aún conocido el amor, sintiendo que era su destino casarse algún día, no se había opuesto, por romanticismo, por ingenuidad, por ignorancia, por no contradecir a sus padres, así se había ido atrapando sola en una telaraña difícil de definir cuando pensaba en ello. El muchacho, trabajaba lejos de allí, era empleado en el lujoso Ferrocarril Trasandino —un futuro prometedor— y único heredero del conocido bar de sus padres. Volvía cada dos meses a visitar a los suyos, de paso aprovechaba para verla. Cuando iba a visitarla, le llevaba bombones y caramelos para endulzar las aburridas tardes de conversaciones que nunca conducían los corazones a lo que Julia esperaba del tan mentado amor. Por eso, ella no se sentía particularmente halagada por la fortuna de tener un novio; sin siquiera darse cuenta plenamente. Comenzó a vivir esa situación como una carga, como una cruz ajena que le iba a tocar llevar para complacer a sus padres, tratando de adaptarse y sin atreverse siquiera a rebelarse, por respeto, para evitar los roces y enojos que se producirían entre las dos familias si ella retirase la palabra dada.

Allá por el '29, uno de esos domingos en que los hombres salían a descansar de sus tareas y, bien presentables, se juntaban en algún bar a tomar una copa y a contarse las últimas novedades, Juan conoció a Benito Rodríguez, nuestro Benito ya hombre, que era un respetable joven español radicado en la zona, de unos treinta y pocos años, propietario de un gran caserón en la calle Espejo, disponible para dos familias. Una de las familias de inquilinos había desocupado el costado oeste del caserón. Casualmente, Juan estaba buscando una mejor casa en alquiler. Benito percibió de inmediato la solvencia moral del portugués, de modo que, sin pensárselo más, se acercaron a ver la propiedad.

—Venga don Juan, esta es la puerta principal, a la calle, pero también se puede entrar por la galería, a ver, entremos por la galería, ahora le abro todo para que la pueda apreciar.

Juan, apenas la vio, se imaginó viviendo allí, y a su mujer e hijas lustrando las hojas verdes gigantes de las plantas que dividían el patio. La casona era hermosa, de una planta, como una villa romana, pero entre medianeras, inserta en el tejido urbano de casas bajas o con un piso alto, techos altos, galería al patio central, habitaciones alrededor y huerto al fondo de la propiedad. En el corredor y la galería había un pavimento de grandes baldosas calcáreas formando damero, intercaladas las blancas con las negras. Las habitaciones principales tenían pisos entablonados de madera de pino tea con cámaras de aire en la parte inferior, amplios salones y salida directa hacia la vereda: una bien plantada casona de ciudad.

En pocos días Juan se había transformado en el inquilino de Benito, muy contento porque, además de haber encontrado una vivienda estupenda, trabajaba a media cuadra de allí.

Mientras Julia permanecía junto a sus padres, ayudando a criar a las hermanas pequeñas, Clara y Emilia aprendían peluquería, para lo cual viajaban los lunes a Godoy Cruz, paraban en la casa de un conocido de Juan, el portugués Da Rocha, y volvían a San Martín a vivir el domingo en familia. Al poco tiempo las dos hermanas obtuvieron sendos títulos de peluqueras. Por el año 1929 en Argentina estaba de moda el corte "a la *garçon*", y ellas tenían gran afluencia de clientas que deseaban estar a tono con las modas europeas. Juan, ilusionado con sus niñas peluqueras, compró una moderna toilette para cada una, con sus respectivos sillones y elementos de trabajo, luego las instaló en el salón principal que daba a la calle, con su piso de madera de pino tea y su gran puerta con postigos. Las niñas pequeñas ayudaban y aprendían el oficio de sus hermanas. ¡Un hito urbano! Fue la primera peluquería femenina atendida por damas que tuvo San Martín.

Así como la cualidad relevante de Julia era la amorosa entrega servicial hacia sus seres queridos, que casi rozaba la sumisión, Clara seguía distinguiéndose por su carácter divertido y su picardía. Emilia era, de las tres hermanas mayores, la más coqueta y elegante, bastante compinche de Clara, después de haberse transformado en dos bellas jovencitas. Le gustaba estar al tanto de los dictados de la moda. Estaban comenzando a verse los vestidos sin mangas o de manguitas cortas, todas las jovencitas los usaban, pero su padre era muy serio y conservador en esto de la vestimenta: para salir de casa Juan solo les permitía los vestidos de mangas largas. Así es que Emilia, pretendiendo evadir la rigidez, se había fabricado unas manguitas postizas que le cubrían los brazos para salir los domingos. Por supuesto, dentro de la iglesia estaba bien cubierta, pero a la salida de misa, para el paseo por la plaza en días de calor, se sacaba las manguitas postizas con la complicidad de Clara, su compañera de estudios y paseos. Si su padre algún día lo supo, nunca lo dijo. Julia sabía tejer al crochet desde niña: Francisca le había enseñado, pero sus amigas también tejían medias y calcetines a cinco agujas. De modo que Julia le pedía a su madre que le enseñara esta artesanía, a lo cual Francisca respondía:

—Sí, *mijiña*, las sé hacer, pero para qué le voy a enseñar eso, si nosotros estamos yendo al Brasil y allí no hay *inverno, mijiña.*

¡Pobre Francisca, aún tenía la ilusión de llegar a Brasil algún día... y habían transcurrido casi veinte años desde que habían salido de Portugal!

A don Benito Rodríguez, aquel español que les alquilaba la casona donde vivían, se le había hecho un hábito pasar a visitar a Juan D'Almeida; por otra parte, debía hacerlo como habían quedado, una vez por mes, para cobrar el alquiler. Conversaban animadamente y se entendían muy bien porque eran originarios de zonas geográficas vecinas de la península ibérica, en el sector donde Salamanca y Portugal se tocan, donde el paisaje se confunde porque es igual de bello en ambos lados del límite entre los dos países, y los sonidos de las palabras, ya sea en portugués o en castellano, se viven diariamente como sones familiares. Se maravillaban de que el destino los hubiese juntado.

—¡Siendo de pueblos tan cercanos, no nos hemos visto nunca por aquellos lugares y nos venimos a encontrar aquí!

—¡Esos caprichos de la vida!

Hablaban de bosques y hablaban de pinares, de leña y de carbón, de montañas, de ríos, de barcos, de hijos y hermanos perdidos.

Así se supo que Benito contaba con treinta y cuatro años por aquel entonces. Todo un hombre ya formado, con trabajo y patrimonio propio, el hijo mayor, referente principal de la familia.

Julia había escuchado hablar del tal don Benito, pero no lo había visto nunca, hasta que un día le tocó llevar la bandeja con el café al salón principal y cuando lo vio, se encontró con "aquellos" ojos marrones, precisamente esos que habían asaltado sus pensamientos varias veces desde el incidente del sombrero. Le dio pudor, una cierta angustia, y tuvo que aferrar con fuerza la bandeja para que no se le cayera. A él se le detuvo el tiempo de nuevo, se esforzó para mantener la compostura y, desde luego, no se atrevió a decir nada sobre aquel encuentro, para no ser indiscreto, dejando a Julia la decisión de contar o no contar lo sucedido. Ella se quedó callada, ofuscada por la timidez, y él solo esbozó una sonrisa con las comisuras de los labios.

Los meses pasaron y siguieron las visitas a don Juan D'Almeida, que más de una vez eran coronadas por un cafecito, un vino o una copa de alguna exquisitez doméstica. A partir del encuentro, a Benito se le había dado vuelta el mundo. En Julia, ya con dieciocho años y varios meses, había comenzado a desarrollarse una inquietud inconfesable hacia este buen mozo y rubio visitante, culto, amable y de gran personalidad. Cada vez que Benito visitaba la casa —y lo hacía más veces de las necesarias—, se las ingeniaba para observar a Julia de reojo, conversar con ella, percibir su perfume en el aire, plantear algún tema que requiriera la intervención de la joven. La mayor cercanía con su cuerpo había sido el roce de sus cabellos con el dorso de la mano, sin embargo, Benito había construido su mundo presente y futuro a partir de ese instante. Encontraba en ella la mezcla justa de delicadeza e inteligencia: le parecía una hermosa joven, consciente, hacendosa, silenciosa, tímida, moderada en sus comentarios, aunque sagaz, precisa; nada escapaba a la agudeza de su observación. Él se iba a dormir todos los días pensando en ella, y le dedicaba su primer pensamiento al amanecer. Hasta que se dio cuenta de que Julia le inspiraba cada una de las cosas que hacía en toda la jornada. Sin haber hablado nunca del tema con ella, sentía que Julia lo tenía en cuenta, lo escuchaba con admiración y, a escondidas, lo miraba con ojos intensos y ávidos. Los mismos ojos expresivos que entornaba los domingos durante los paseos por la plaza, cuando lo veía aparecer entre los claroscuros de las sombras vegetales, con una flor para ella. Parecía que la diferencia de edad no le importase a la joven, puesto que, siendo dieciséis años menor que él, podría haberse sentido fuera de sintonía. Por lo contrario, actuaba como toda una mujer merecedora de un hombre que tuviese hecho un porvenir, algo para poner a sus pies. Él, sin ser rico, podía vivir cómodamente de su trabajo. Ya era hora de descubrir sus sentimientos.

Comenzó a planear estrategias para hacerlo. Quería quedarse a solas con ella, pero en la plaza era imposible; en la casa, si Juan se retiraba unos momentos, no faltaba alguien que metiera las narices en el comedor. Entonces, se las arreglaba para no dejar que Julia se fuera, por escuchar su voz era capaz de pedir cualquier explicación, aunque la respuesta fuese una interminable receta de cocina o la descripción de un punto de bordado. Si este era el caso, hacía como que prestaba atención, pero no escuchaba nada, porque lo consumía como fuego la cercanía de Julia, su piel suave, su perfume. Veía a la joven como envuelta en un halo de misterio, percibía su interés, pero al mismo tiempo se le escapaba como una sombra, dejándolo ansioso, incapaz de pensar claramente. Es por eso que un día, sin pensar, en lugar de saludarla con la acostumbrada venia le tomó la mano. Julia lo miró a los ojos con una mirada de emoción desesperada y retiró su mano, algo confusa por dentro, esperando que no se le notara la vergüenza.

Entonces Benito no soportó más; apenas encontró a Juan en el bar el domingo, se dispuso a hablar con él.

—Don Juan, quisiera hablar con usted, si puede, usted sabe que yo tengo todo lo necesario para ofrecer a una mujer... y ya estoy en edad de formar una familia...

—Tiene usted razón, don Benito. Creo que tendrá muy feliz destino la joven que se case con usted. —Y por dentro tuvo un gris presentimiento, pensando que Benito podría estar necesitando la casa para vivir con su nueva esposa, tan cómodo que él estaba allí y tendría que mudarse.

—Si me lo permite, ¿es que conocemos ya a la afortunada? —dijo, tanteando la situación.

—Em... bueno... yo, justamente, quería hablarle para... para pedirle su permiso...

—¿Mi permiso? ¡Hombre! ¡No necesita mi permiso!

—Para visitar a su hija... Julia.

Juan abrió los ojos muy grandes, sintiéndose en un gran aprieto. En ese momento cayó en la cuenta de que habían hablado abiertamente con poca gente del noviazgo de Julia, y nunca con él. Era una cosa que se había tratado con discreción en familia. El trabajo lejano del joven De Luca había hecho el resto; Juan ató cabos, y se dio cuenta de que en ninguna de las visitas de Benito había estado presente el novio de Julia. Juan no se imaginaba que la cosa podía tomar ese rumbo, por eso, ni se le había pasado por la cabeza hablar del tema. Por otra parte, los casi treinta y cinco años de Benito lo colocaban, por así decirlo, en otra generación. Así y todo, la diferencia de edad no habría sido un problema si no hubiese existido un compromiso anterior, que estaba por encima de todo, el de su hija con el joven De Luca, que era como decir "mantener el buen nombre a través del cumplimiento de la palabra dada", la relación presente y futura de las dos familias, la opinión de los conocidos de ambos, la confirmación de lo que él siempre había sostenido, y sufrido su incumplimiento por parte de Salvador "Mano Negra". Sus futuros consuegros habían comenzado a comunicarse más asiduamente para planear el futuro de los respectivos hijos, los De Luca se habían ilusionado en dar a conocer el noviazgo con una gran fiesta para todos sus parientes y amigos, celebración que hacía tiempo estaban imaginando, proyectando y pregonando. A Juan le iba la honra en defender la palabra dada.

—Lo lamento mucho —dijo Juan con un grave tono de voz— pero la respuesta que le debo dar es "no". Julia está... es como si estuviera comprometida y no romperá la promesa dada.

—Pero, espere don Juan, disculpe, yo no sabía que estaba comprometida, nunca la he... visto... de novia —dijo Benito, entre la confusión y el bochorno—. ¿Le puedo preguntar quién es?

—Se trata del hijo de la familia De Luca, nuestros respetables amigos. Buenas tardes, don Benito —y Juan, considerando oportuno retirarse, se encaminó a su hogar.

Benito salió, comenzó a caminar pensativo, con las manos en los bolsillos. Reflexionaba e iba comprendiendo la actitud de Julia, presente de corazón, pero ausente debido a su compromiso. Mientras se dirigía a su casa hilvanando uno con otro cada uno de los recuerdos de sus encuentros con ella, se preguntaba por qué él jamás había visto al joven en ninguna de sus visitas a la casa de los D'Almeida. Se recompuso y decidió indagar sobre él entre sus conocidos, para tratar de descubrir si tenía alguna oportunidad de frente a su rival.

Juan comentó el suceso con Francisca, con cierto aire de enfado por el atrevimiento de don Benito. Francisca lo comentó con Julia como al pasar, buscando cualquier sutil reacción. Julia no dijo nada, solo bajó la cabeza, un poco avergonzada, aunque sintiéndose condenada a la infelicidad para siempre.

Julia había notado el atractivo de Benito inmediatamente a partir de sus ojos, pero su personalidad la había ido capturando de modo gradual a partir del encuentro en la casa, mientras maduraba su deseo de fluir a la vida, mientras pasaba de la adolescencia ingenua a la juventud determinada, y se daba cuenta de la firmeza y la seguridad que eran apetecibles en un hombre, mientras sentía que era así como quería que le hablaran, así como quería ser mirada, deseada, escuchada, respirada. Ella quería ser nube, y que su hombre fuese calor abrasador que la hiciese llover; quería ser agua abundante, y que su hombre fuera tanto ribera peñascosa que provocara rápidos como playa suave para contener su paso calmo. Julia sentía que Benito era el hombre que completaba cada uno de sus sueños. Abrió los ojos, y la realidad le recordó que era imposible. Comenzó a vivir disimulando mal la desilusión.

Benito pasa largos días sin visitar la casa porque se siente algo avergonzado por el rechazo, pero al mismo tiempo no se resigna a perderla. No sabe si Julia ha sido informada del tema. Él igualmente debe pasar por allí a cobrar el alquiler a las dos familias, y eso le da la excusa para hacer la visita. Cuando ve a Julia, un magnetismo se apodera de los dos y el mundo que los rodea desaparece, para dejar solo lugar a la emoción, imposible de disimular. La ocasión de hablar se da porque llama a la puerta un vendedor que atrapa la atención de todos los demás.

—Julia, supongo que su padre le habrá comentado sobre mis intenciones…

—Don Benito, yo ya tengo novio… dice ella con los ojos bajos.

—Pero a mí me parece que usted me quiere a mí, no me puedo equivocar así… lo veo en su mirada… lo percibo… No me responde, quiere decir que tengo razón. Entonces, va a aceptar vivir así por el resto de sus días, solo por respeto a una palabra dada sin amor… Usted no se imagina lo triste que puede ser eso.

—Sí que lo he pensado… ¿Y usted se lo imagina?

—Cada minuto de mi vida me pregunto cómo voy a hacer para vivir sin usted.

—Antes está el respeto que les debo a mis padres… el tema no depende de mí, si pudiera elegir… pero no puedo… dice en un susurro.

La respuesta de Julia lo desarma. En ese momento entran Clara y Emilia, comentando sobre la suavidad de unos pañuelos que han visto. La mirada de Julia acompaña a Benito, quien se aleja suspirando. Juan lo detiene, volviendo a entrar desde la calle.

—Ah, don Benito, espero que nos honre con su presencia en la fiesta de compromiso de mi hija Julia. Le haré llegar la esquela con la invitación— la frase es provocativa, con clara intención de advertencia.

—Gracias. Con su permiso —dice Benito, y sale. Se va, molesto con la vida, pero contento por la certeza de su amor correspondido, y desde aquel momento no deja de sacar el tema sutilmente, para evitar incomodar a Juan.

—¿Qué noviazgo es ese, don Juan? —enfatiza Benito una semana después en el café, sin percatarse de que oídos inoportunos escondidos en las sombras toman nota de sus requerimientos—. Visitándose cada dos meses ni siquiera puede uno llegar a conocerse... No parece que su hija sea feliz con ese compromiso... Pregúntele... Lo siento, discúlpeme que insista, lejos de mi intención faltarle el respeto, pero sepa que su hija Julia, sin quererlo, ha atrapado mi corazón, estoy seguro de que no le soy indiferente, y estaría siempre dispuesto a corresponderle si usted diera el permiso.

Juan recuerda la cara de su futuro consuegro De Luca, lo que dibuja unas arrugas en su ceño preocupado. Benito considera oportuno retirarse a su casa en silencio. Cada vez que se ve con Juan, ya sea para concretar el pago del alquiler o casualmente, en el café o los comercios de la zona, Benito se despide con un serio signo de interrogación en los ojos, y Juan sabe que estará siempre allí, esperando su permiso, aunque el mundo tiemble, aunque los muros se derrumben.

—Lo siento. La respuesta sigue siendo "no", don Benito.

Francisca está al tanto de todo y un día saca el tema con Julia.

—¿Usted lo quiere, *mijiña*?

—Con toda la fuerza de mi corazón, mamá. dice Julia, tímidamente, mirando al suelo.

Francisca comenta con Juan una y otra vez, de modo delicado, los sentimientos de Julia, para despertar cierta piedad en su corazón, que ponga esta vez la felicidad por encima del sentido del deber. Pero Juan cree que es solo un capricho que pasará con el tiempo, y que no se juega con los compromisos.

—¡Vamos a echar por tierra el buen concepto que se tiene de nosotros! ¡Imagínate el escándalo! ¡Ya estamos planeando la fiesta de compromiso, a esta altura, se lo deben haber dicho a más de uno! —El tema queda en suspenso por un tiempo. Juan no habla, pero piensa mucho, medita sobre su pasado y ese presente que lo está forzando a comportarse, salvando las distancias, como el general con Clara Isabel, su amor frustrado de jovencito.

—Tú recuerdas que a esa edad te parecía un amor único en el mundo…

—¿Tú qué sabes? Bueno, sí, me lo parecía, es normal. Sin embargo, luego quedó empequeñecido junto al amor que llegaría a sentir por ti.

—Pero, de cualquier modo, fue amor. —Momentos del pasado acuden al presente.

—Dolores de amor, fruto del egoísmo ajeno…

—Mientras que los momentos de mayor felicidad han sido consecuencia de tu propia elección —lo deja pensativo.

Una noche Benito recibe en su casa a una visita inesperada. Él, con sus casi treinta y cinco años, era un hombre que, a lo largo de la vida, sin llegar a perder la cabeza por nadie, había tenido sus amoríos, lo cual lo ubicaba perfectamente en el estándar de treintañero de la época. Doña Luisa F., bella señorita no muy joven ni de fama impecable, había puesto el ojo en el español, soltero empedernido, con la firme determinación de ganarlo para ella de cualquier modo, así es que, cuando una lengua viperina le cuenta que ha escuchado a don Benito en el bar, pidiendo la mano de una jovencita que ya estaba, además, prometida, se llena de envidia y de rabia, sintiendo que el buen partido se le está escapando como agua entre los dedos. Meses atrás ella había notado sus visitas cada vez más espaciadas y su presencia cada vez más ausente, hasta que había desaparecido por completo. Las últimas semanas pensaba que su ausencia se debía al trabajo o a problemas familiares.

—¿Qué es lo que haces aquí? —se queda mirando a Luisa con ojos incrédulos, como viendo a un fantasma.

—Te extrañaba. Por lo visto, tu madre no sabe nada de mí, por las miradas que me lanza. ¿No le has dicho nada de nosotros? —Luisa se acerca seduciéndolo, mientras él se incomoda.

—¿De qué "nosotros" hablas? Luisa, no hay ningún "nosotros", y eso estaba claro desde el principio.

—Pero yo te quiero y sé que no te resulto indiferente, que me deseas. ¿O es que acaso ya tienes a otra?

—Perdóname si te he hecho pensar así. No me sentía obligado a despedirme de ti. Por respeto te diré que no tengo todavía a nadie, pero podría ser, en un futuro cercano. No te diré nada más porque se trata de mi vida privada, y también debo respeto a otras personas. Vete, por favor, si necesitas te hago acompañar.

—Te arrepentirás. Volverás a mí.

Al padre de Julia, la charla con Francisca le roe la mente durante la semana del último encuentro con Benito. El domingo por la noche, ya en la cama, sobreviene un sueño bello en el que aparece su niña mayor rodeada de hijos rubiecitos que corretean alrededor. Están en Palmira, festejando su santo en la calle, bailando; Julia está con la sonrisa que tenía cuando vivían en ese pueblo y saltaban la fogata de la fiesta de San Juan. ¡Cuánto hace que no ve esa sonrisa en la cara de su hija! Se despierta con un sabor amargo en la boca. Se siente endurecido, transformado por los años de la traición de Salvador G., durante los cuales la vida lo desengañó y lo transformó. ¿Cuándo ha puesto él las conveniencias sociales por encima de la felicidad? ¿Qué derecho tiene a condenar a su hija a una vida sentimentalmente mediocre? Por más que lo de Benito sea un capricho, que tal no parece, ha desenmascarado una carencia afectiva en una relación impuesta cuando Julia no tenía aún la capacidad de saber lo que quería. Entonces, en un día memorable se arma de coraje para soportar los enfados venideros presentes o futuros y decide presentarse en el bar de los De Luca, para explicar… ¡Ay!… que la niña quiere romper el compromiso.

¡Se arma una hecatombe! Sus futuros consuegros, rechazados, toman la ruptura unilateral como una afrenta y levantan un muro entre las dos familias, reservándose el derecho de extender las consecuencias de la acción hasta la eternidad. ¡Pero está hecho! Juan se las ha arreglado para liberarla de ese noviazgo sin amor que, hasta el momento, ha sido más un ilusorio romance programado que una relación genuina.

Por la noche se lo dicen a Julia, que se queda muda, sonriendo y respirando sin presión en el pecho por primera vez en mucho tiempo. Pero no lo puede creer. Como si no pudiese concebir completamente la idea, prefiere callar por el momento, y así se lo pide a sus padres.

Luisa, lejos de renunciar a sus pretensiones con Benito, aparece el martes en la peluquería de las hijas de Juan, pregonando que desea estar radiante para su pedido de mano. Se las ingenia para deslizar la información de que el caballero en cuestión es Benito. Clara y Emilia, que algo saben de la simpatía de Benito por su hermana Julia, pero que todavía no han sido informadas de que Juan ha aceptado el romance, no tardan en comentar la novedad a su hermana mayor.

—¡Parece que don Benito se casa! ¡El sinvergüenza! ¡Así que tenía una novia!

Julia ríe, con algo de ofuscación, pensando que se trata de ella. Cree que es un comentario irónico de sus hermanas, que se han enterado de alguna manera del secreto.

—Bueno, casarse... todavía no... —responde Julia— Pero... ¿cómo lo han averiguado ustedes?

—¿Pero es que tú lo sabías, Julia? ¿De dónde conoces tú a Luisa, la novia de don Benito? —ante la mención de una "novia" Julia se queda helada y rompe en lágrimas. La explicación no se hace esperar. Entonces Clara y Emilia se transforman en confidentes de este amor imposible.

—¡Hay que desenmascarar al sinvergüenza! —dicen las hermanas, con determinación— ¿verdad Julia?

—¡No!, ¡ya pensaré lo que voy a hacer! ¡Silencio sobre el tema! No lo quiero ver nunca más y que no se hable más del asunto en esta casa. ¡Después de todo lo que papá ha hecho por mí! ¡Qué tonta he sido!

El padre de las jóvenes, ignorante de lo ocurrido, había tenido ocasión de informar a Benito, habían fijado la visita y advertido a Julia. Ella había imaginado un plan para desenmascararlo delante de todos, antes de rechazarlo para siempre. El domingo siguiente Benito se presenta por primera vez como pretendiente, y ella, a través de una cortina entreabierta, lo ve coronado por la luz amarilla del atardecer, parado allí en la puerta, con un ramo de rosas del jardín de su madre. La rabia de Julia se mezcla con sentimientos opuestos, mientras habla sola detrás de la cortina, preparándose para enfrentarlo.

—¡Encantador de serpientes! ¡Tan misterioso, con esos ojos que te acarician mientras te clavan una daga en el corazón! —le sorprende la desfachatez de él, aparecer allí a cortejarla cuando ya tiene una prometida, pero luego la sensatez le dice que es mejor tomar las cosas con calma y pedir una explicación "a solas", para no quedarse con la incertidumbre atravesada en la garganta por el resto de su futura solitaria vida.

—¡Eso es una infamia! ¡Es un invento! ¿Eso es lo que ha hecho Luisa? —Benito camina a un lado y al otro, turbado, sin dar crédito a sus oídos—. Es verdad que hubo algo, pero fue sin compromiso, a tal punto que no me sentía obligado a romperlo. Ella es… otro tipo de mujer… No sé cómo supo de mi interés por usted, fue a verme, me advirtió, pero no pensé que llegaría a tanto. Simplemente, no fui más… no pude… —se queda quieto y sus ojos brillan, ante el riesgo inminente de perder al amor de su vida— porque pienso solo en usted desde hace varios meses, desde aquella visita a su padre en la cual le pude poner un nombre a la joven del sombrero al viento y de la presencia esquiva… —desarmada, Julia lo observa en silencio— no caiga en su trampa, por favor, no rompa lo más bello que nos ha pasado a los dos… —le suplica él, entornando sus profundos ojos marrones en una sonrisa dulce, que al final la conquista.

Luisa, aprovechándose de la peluquería, que es una ventana abierta a los vaivenes sociales del pueblo, intenta más de un plan para separarlos, por sí misma o valiéndose de oscuras personas: habladurías, reporte de promesas recibidas, llantos fingidos y hasta falsos vientres de almohadones. Sin embargo, Julia, que es muy intuitiva y está segura del amor de Benito, logra desmontar una a una sus intrigas. Luego Luisa desaparece del todo al conocer a un francés de paso, recién llegado de las colonias, al cual, aparentemente, termina enredando.

Así, los ramos de rosas del jardín de Benita preceden a su hijo Benito cada domingo, fusionándose con la luz amarilla, en una sinfonía melodiosa de atardeceres durante varios meses, mientras va creciendo un amor para siempre.

El futuro marido, como era ya usanza desde la vieja España, aparece un buen día por la puerta con una caja inmensa que contiene un delicado vestido de novia. Cuando Julia, emocionada, se lo prueba junto a su madre y sus hermanas, contempla a través del espejo oval del dormitorio que su vestido deja entrever un pedacito de las piernas, como es la moda de la época. Se calza los zapatos blancos sobre las delicadas medias finas, y se pone los guantes y el velo de tul bordado que se fija en la cabeza y llega hasta el suelo a modo de cola, impecablemente blanco y etéreo, como las rosas y azahares del ramo. El día de la boda, don Benito se presenta con un traje oscuro muy elegante, sobre el cual resaltan los azahares, costumbre para los buenos augurios.

Mi abuela materna, Julia De Almeida, y mi abuelo, Benito Benigno Rodríguez, se casaron por civil el jueves 24 de Julio de 1930, él con treinta y cinco, ella con diecinueve. El sábado 26 se celebró el matrimonio en la iglesia Nuestra Señora Del Carmen. Queda en el misterio el asunto de la filiación del novio, puesto que él siempre había firmado Rodríguez, apellido que transmitió a Julia como mujer casada, y daría a todos sus futuros descendientes, pues cumplía una acción fruto de una fuerte identidad familiar que, sin embargo, no se reflejaba en los papeles, presagiando futuros problemas. Esta "pequeña imprecisión" a nadie preocupaba hace un siglo, y si no despertaba la suspicacia del funcionario civil, tanto menos la del párroco. Ya la vida se encargaría de poner las cosas en su lugar.

Julia y Benito, como potentes retoños de un bosque centenario cuyas raíces se tocan en lo profundo de las tierras ibéricas, entrelazaron sus ramas, que dos troncos vecinos, sedientos de vida e ilusiones, a través de remansos y tempestades, habían guiado con amor hacia una tierra nueva. El día en que sus padres le dieron el sí a Benito, Julia sintió como si le sacaran un gran peso de encima de la cabeza, un peso en sentido real, no metafórico, como una piedra, más bien como una montaña, un peso que no tuvo plena conciencia de haber soportado hasta ese momento en que se sintió liviana como una hoja en el viento y libre para construir su futuro con el hombre elegido. ¿Fue casualidad que se conocieran? ¿Estarían ya predestinados a estar juntos? Si los eventos hubieran ocurrido de otro modo, ¿se habrían conocido? Benito no pudo evitar recordar su infancia en Salamanca, mil veces añorada; finalmente le había encontrado una razón en la vida a ese viaje familiar sin sentido hacia la "tierra del oro", al que su padre los había arrastrado, a raíz del cual habían perdido tantas cosas amadas. Julia y Benito emanaban un halo dorado de felicidad, como dos que están unidos desde antes de la vida misma. Juan y Francisca vislumbraron el motivo por el cual el destino, sirviéndose de sus deseos, los había guiado por caminos diferentes a los ansiados cafetales tropicales, llevándolos hasta allí como hojas en el viento, y ahora les hacía desear, como nunca antes, poder permanecer en esa tierra, al lado de las nuevas raíces y los frutos venideros de su primera hija, Julia, renunciando, por fin y para siempre, a llegar un día a Brasil.

Después de veinte años había terminado el viaje. Ahora empezaba otro. Todos agradecían cada uno de los sucesos que habían vivido ellos, sus padres y los padres de sus padres, ya que los habían transportado hasta la esencia de ese instante único en el tiempo. Se habían encontrado gracias a todos los momentos reídos y llorados, los bellos y los infames, hilvanados uno tras otro en un orden perfecto, conjurando la magia de un nuevo comienzo.

FIN

NOTA FINAL

Hace muchos años, mi abuela Julia me contó estas vivencias familiares. Yo escuchaba con avidez, y escribía para no olvidar los detalles, porque eran verdaderas historias de novela. Poco a poco fue tomando fuerza la idea de hacer un libro con todo ese material. Ha llevado su tiempo porque en aquellas décadas yo era muy joven y no me hacía las preguntas que hoy soy capaz de plantearme, gracias a la visión que dan los años y la vida, considerando que yo también, después, me hice inmigrante. Algo que tengo claro es que cada hecho que vivieron ellos, cada respiro y cada paisaje que vieron sus ojos determinó parte de lo que todos sus descendientes somos ahora. En otras palabras, el relato resume el origen de una identidad familiar común.

Para encontrar las piezas que me faltaban he recurrido a viajes y libros, así he podido completar los contextos históricos de Portugal, España, Brasil, Chile y Argentina, que determinaron el destino de nuestros personajes. He imaginado las cosas que no me contaron, los nombres que no recordaban, alguna anécdota pintoresca, los detalles que, a lo mejor, en aquel tiempo no tuve la previsión de preguntar o que no aparecen claros en los libros, pero los he recreado como podrían haber sido, sin alterar el camino verdadero de los personajes reales principales, sus nombres, sus edades, sus caracteres. Es por eso que la trama se tensa en cada ca-

pítulo, y si se resuelve, no es siempre a favor de los protagonistas, como es la vida misma. El destino de ambas familias aporta una dinámica que impulsa a acompañarlos, a curiosear la próxima prueba, el próximo golpe, provee la línea ascendente que los va predisponiendo a encontrarse, inmersos en un sentimiento de época que los contiene, moldea y envuelve como si ya estuvieran mezclados desde el inicio. Entre tantos otros enredos, podría haber imaginado un ardid novelesco para que la familia Rodríguez encontrara a su niño perdido en el momento más oportuno —o inoportuno—; podría haber inventado una historia con todos los firuletes taquilleros para que Juan burlara al miserable Salvador "Mano Negra" y recuperase así su patrimonio, o podría haber complicado la relación entre Benito y Julia, creando conflictos de novela, para que al final se reencontraran. Me he planteado alguna vez si tenía que hacerlo, para que el argumento fuera más atrapante. Sin embargo, es tan alto el respeto que me inspiran estos seres verdaderos que lo he descartado; de hecho, siempre se podrán generar nuevas historias basadas en esta. Pero esta, el Gran Viaje, tiene que vivir así para siempre, con toda su verdad, para que los descendientes de Juan, Francisca, Claudio y Benita sepan de dónde vienen, y todo lo que vivieron y sintieron sus antepasados.

Recuerdo a mi bisabuela Francisca, sentada, ya muy anciana, ofreciéndome "queishiño" y una naranja, envuelta en vestiduras oscuras, cuando yo era muy pequeña. ¡Cómo no tenerla una vez ahora para mirarla a los ojos y decirle cuánto la aprendí a querer en estas páginas de vida! No me avergüenza confesar que, al reconstruir su historia, he aprendido a amar incluso a mi tatarabuela, su madre, aunque hayamos vivido en siglos distantes, y he llorado con ella en su desesperación, luchando contra la tuberculosis, que le arrebató a sus hijas —investigando y escribiendo también golpean fuerte las emociones, y se llega a sentir afecto por quien nunca se ha visto—. Por eso, he adorado a Benita y he pensado que si alguna vez pudiera viajar al pasado iría a abrazarla muy fuerte y a decirle que la quiero con todo mi corazón, porque ahora la conozco. A Juan le diría que todavía están ahí, en Palmira, muchos de los pinos que él y sus vecinos plantaron en la Avenida del Libertador, que me encantan las casas construidas por él después del '30 en la vieja calle Las Palmas, que hace años pusieron una placa en una de ellas, porque Julio[1] —aquel jovencito amigo de sus hijas, que vivía allí con su familia— llegó a ser reconocido mundialmente y ¡dio el actual nombre a la calle!; que en los '70, de niña, me gustaba subirme a las riberas del canal que pasaba detrás de esa casa, tocar el agua, trenzar las ramas de los sauces, sentir la energía de la tierra mojada... y le diría también que su recuerdo y el de todos ellos, aun sus descendientes que ya no están, vivirá para siempre con amor en todos nosotros.

Alejandra

---

[1] En referencia al artista plástico Julio Le Parc, uno de los máximos representantes del arte cinético en el mundo.

www.ingramcontent.com/pod-product-compliance
Lightning Source LLC
Chambersburg PA
CBHW051246250726
48656CB00004B/1157